1983

El olor de la

PLINIO APULEYO MENDOZA

Escritor y periodista, nació en Tunja, Colombia, en 1932. Dirigió en Venezuela las revistas *Elite* y *Momento,* y en Colombia, *Acción Liberal* y *Encuentro.* En Francia tuvo a su cargo la revista *Libre,* que agrupó a los escritores latinoamericanos del «boom». Ha publicado *El desertor* (Monte Avila, 1974) y la novela *Años de fuga,* que obtuvo en 1979 el premio Plaza & Janés para novela colombiana.

GABRIEL GARCIA MARQUEZ
El olor de la guayaba

Conversaciones con
PLINIO APULEYO MENDOZA

BRUGUERA

1.ª edición: abril, 1982

La presente edición es propiedad de Editorial Bruguera, S. A.
Camps y Fabrés, 5. Barcelona (España)

© Gabriel García Márquez - 1982

© Plinio Mendoza - 1982

Diseño de cubierta: Soulé-Spagnuolo

Printed in Spain

ISBN 84-02-08803-1 / Depósito legal: B. 11.549 - 1982

Impreso en los Talleres Gráficos de Editorial Bruguera, S. A.
Carretera Nacional 152, km 21,650. Parets del Vallès (Barcelona) - 1982

Orígenes

El tren, un tren que luego recordaría amarillo y polvoriento y envuelto en una humareda
sofocante, llegaba todos los días al pueblo a
las once de la mañana, luego de cruzar las vas-
tas plantaciones de banano. Junto a la vía, por
caminos llenos de polvo, avanzaban lentas ca-
rretas tiradas por bueyes y cargadas de racimos
de bananos verdes, y el aire era ardiente y
húmedo, y cuando el tren llegaba al pueblo
había mucho calor, y las mujeres que aguar-
daban en la estación se protegían del sol con
sombrillas de colores.

Los vagones de primera clase tenían sillas
de mimbre y los de tercera, donde viajaban
los jornaleros, rígidos escaños de madera. A
veces, enganchado a los otros, venía un vagón
de vidrios azules enteramente refrigerado donde viajaban los altos empleados de la compañía bananera. Los hombres que bajaban de
aquel vagón no tenían ni las ropas, ni el color

mostaza, ni el aire soñoliento de las personas que uno cruzaba en las calles del pueblo. Eran rojos como camarones, rubios y fornidos, y se vestían como exploradores, con cascos de corcho y polainas, y sus mujeres, cuando las traían, parecían frágiles y como asombradas en sus ligeros trajes de muselina.

«Norteamericanos», le explicaba su abuelo, el coronel, con una sombra de desdén, el mismo desdén que asumían las viejas familias del pueblo ante todos los advenedizos.

Cuando Gabriel nació, todavía quedaban rastros de la fiebre del banano que años atrás había sacudido toda la zona. Aracataca parecía un pueblo del lejano oeste, no sólo por su tren, sus viejas casas de madera y sus hirvientes calles de polvo, sino también por sus mitos y leyendas. Hacia 1910, cuando la United Fruit había erigido sus campamentos en el corazón de las sombreadas plantaciones de banano, el pueblo había conocido una era de esplendor y derroche. Corría el dinero a chorros. Según se decía, mujeres desnudas bailaban la cumbia ante magnates que acercaban billetes al fuego para encender sus cigarros.

Esta y otras leyendas similares habían llevado hacia aquel olvidado pueblo de la costa norte de Colombia enjambres de aventureros y prostitutas, «desperdicios de mujeres solas y de hombres que amarraban la mula en un horcón del hotel, trayendo como único equipaje *un baúl de madera o un atadillo de ropa»* [1].

Para doña Tranquilina, la abuela, cuya familia era una de las más antiguas del pueblo, «aquella tempestad de caras desconocidas, de toldos en la vía pública, de hombres cambiándose de ropa en la calle, de mujeres sentadas en los baúles con los paraguas abiertos, y de mulas y mulas abandonadas, muriéndose de hambre en la cuadra del hotel» [2], representaba simplemente «la hojarasca», es decir, los desechos humanos que la riqueza bananera había depositado en Aracataca.*

La abuela gobernaba la casa, una casa que luego él recordaría grande, antigua, con un patio donde ardía en las noches de mucho calor el aroma de un jazminero y cuartos innumerables donde suspiraban a veces los muertos. Para doña Tranquilina, cuya familia provenía de la Goajira, una península de arenales ardientes, de indios, contrabandistas y brujos, no había una frontera muy definida entre los muertos y los vivos. Cosas fantásticas eran referidas por ella como ordinarios sucesos cotidianos. Mujer menuda y férrea, de alucinados ojos azules, a medida que fue envejeciendo y quedándose ciega, aquella frontera entre los vivos y los desaparecidos se hizo cada vez más endeble, de modo que acabó ha-

---

1. *La hojarasca.*
2. *Ibíd.*

*blando con los muertos y escuchándoles sus
quejas, suspiros y llantos.*

*Cuando la noche —noche de los trópicos,
sofocante y densa de olores de nardos y jaz-
mines y rumores de grillos— caía brusca sobre
la casa, la abuela inmovilizaba en una silla
a Gabriel, entonces un niño de cinco años de
edad, asustándolo con los muertos que andaban por allí: con la tía Petra, con el tío Lázaro
o con aquella tía Margarita, Margarita Márquez, que había muerto siendo muy joven y
muy linda, y cuyo recuerdo habría de arder en
la memoria de dos generaciones de la familia.
«Si te mueves —le decía la abuela al niño—
va a venir la tía Petra que está en su cuarto.
O el tío Lázaro.»*

*(Hoy, casi cincuenta años después, cuando
García Márquez despierta en plena noche en
un hotel de Roma o de Bangkok, vuelve a ex-
perimentar, por un instante, aquel viejo terror
de su infancia: muertos próximos que habitan
la oscuridad.)*

*Aquella casa donde él vivió de niño no era,
en realidad, la de sus padres, sino la de sus
abuelos maternos. Circunstancias muy espe-
ciales habían hecho de él un niño extraviado
en un universo de gentes mayores, abrumadas
por recuerdos de guerras, penurias y esplen-
dores de otros tiempos. Luisa, su madre, había sido una de las muchachas bonitas del pueblo. Hija del coronel Márquez, un veterano de
la guerra civil respetado en toda la región,*

había sido educada en una atmósfera de severidad y pulcritud, muy castellana por cierto, propia de las viejas familias de la región, que de esta manera marcaban distancias con los advenedizos y forasteros.

Pasando por alto tales distancias, el hombre que vino una tarde a pedir tranquila y ceremoniosamente la mano de Luisa, era uno de aquellos forasteros que suscitaban recelos en la familia. Gabriel Eligio García había llegado a Aracataca como telegrafista, luego de abandonar sus estudios de medicina en la Universidad de Cartagena. Sin recursos para llevar a término su carrera, había decidido asumir aquel destino de empleado público y casarse. Después de pasar revista mentalmente a todas las muchachas del pueblo, decidió pedir la mano de Luisa Márquez: era bonita y muy seria, y de una familia respetable. Así que, obstinado, se presentó a la casa para proponerle matrimonio, sin haberle dicho o escrito antes una sola palabra de amor. Pero la familia se opuso: Luisa no podía casarse con un telegrafista. El telegrafista era oriundo de Bolívar, un departamento de gentes muy estridentes y desenfadadas que no tenían el rigor y la compostura del coronel y su familia. Para colmo, García era conservador, partido contra el cual, a veces con las armas, el coronel había luchado toda su vida.

A fin de distanciarla de aquel pretendiente, Luisa fue enviada con su madre a un largo *viaje por otras poblaciones y remotas ciudades de la costa. De nada sirvió: en cada ciudad había una telegrafía, y los telegrafistas, cómplices de su colega de Aracataca, le hacían llegar a la muchacha los mensajes de amor que éste le transmitía en código Morse. Aquellos telegramas la seguían a donde fuere, como las mariposas amarillas a Mauricio Babilonia. Ante tanta obstinación, la familia acabó por ceder. Después del matrimonio, Gabriel Eligio y Luisa se fueron a vivir a Riohacha, una vieja ciudad a orillas del Caribe, en otro tiempo asediada por los piratas.*

A petición del coronel, Luisa dio a luz su primer hijo en Aracataca. Y quizá para apagar los últimos rescoldos del resentimiento suscitado por su matrimonio con el telegrafista, dejó al recién nacido al cuidado de sus abuelos. Así fue como Gabriel creció en aquella casa, único niño en medio de innumerables mujeres. Doña Tranquilina, que hablaba de los muertos como si estuviesen vivos. La tía Francisca, la tía Petra, la tía Elvira: todas ellas mujeres fantásticas, instaladas en sus recuerdos remotos, todas con sorprendentes aptitudes premonitorias y a veces tan supersticiosas como las indias goajiras que componían la servidumbre de la casa. También ellas tomaban lo extraordinario como algo natural. La tía Francisca Simonosea, por ejemplo, que era una mujer fuerte e infatigable, se sentó un día a tejer su mortaja. «¿Por qué estás haciendo una mortaja?», le preguntó Gabriel. «Niño, porque me voy a morir», respondió ella. Y en efecto, cuando terminó la mortaja se acostó en su cama y se murió.

Desde luego, el personaje más importante de la casa era el abuelo de Gabriel. A la hora de las comidas, que congregaban no sólo a todas las mujeres de la casa sino también a amigos y parientes llegados en el tren de las once, el viejo presidía la mesa. Tuerto por causa de un glaucoma, con un apetito sólido, una panza prominente y una vigorosa sexualidad que había dejado su semilla en docenas de hijos naturales por toda la región, el coronel Márquez era un liberal de principios, muy respetado en aquel pueblo. El único hombre que en su vida llegó a injuriarle, había sido muerto por él de un solo disparo.

Muy joven, el coronel había participado en las guerras civiles que liberales federalistas y librepensadores habían librado contra gobiernos conservadores cuyo soporte eran latifundistas, el clero y las fuerzas armadas regulares. La última de estas guerras, iniciada en 1899 y terminada en 1901, había dejado en los campos de batalla cien mil muertos. Toda una juventud liberal, formada en el culto a Garibaldi y al radicalismo francés, que iba a los combates con camisas y banderas rojas, había sido diezmada. El coronel había alcanzado su título militar combatiendo en las provincias de la costa, donde la guerra había sido especialmente sangrienta, a las órdenes del legendario caudillo liberal, el general Rafael Uribe Uribe. (Algo del carácter y muchos de los rasgos físicos de Uribe serían tomados por García Márquez para componer el personaje del coronel Aureliano Buendía.)

Entre el abuelo sexagenario, que seguía reviviendo en el recuerdo los episodios alucinantes de aquella guerra, y su nieto de cinco años —únicos hombres de una familia llena de mujeres— iba a crearse una amistad singular.

Gabriel había de guardar siempre el recuerdo del viejo, la manera patriarcal y reposada como tomaba asiento a la cabecera de la mesa delante del plato donde humeaba el sancocho, en medio del vivaz cotorreo de todas las mujeres de la casa; los paseos que daba con él al atardecer por el pueblo; la forma como a veces se detenía en plena calle, con un repentino suspiro, para confesarle (a él, un niño de cinco años de edad): «Tú no sabes lo que pesa un muerto.»

Gabriel recordaría también las mañanas en que el viejo lo llevaba a las plantaciones para bañarse en alguna de las quebradas que bajaban de la Sierra. El agua corriendo rápida y fría y muy clara entre piedras grandes y blancas como huevos prehistóricos, el silencio de las plantaciones, el misterioso palpitar de las cigarras cuando empezaba el calor, y el viejo hablándole siempre de la guerra civil, de los cañones tirados por mulas, los cercos, los combates, los heridos agonizando en las naves de las iglesias, los hombres fusilados en las paredes del cementerio: todo eso quedaría titilando para siempre en las tundras de su memoria.

Los amigos que su abuelo encontraba en el café de don Antonio Dasconti (modelo para el Pietro Crespi de Cien años de soledad) eran como él viejos liberales que habían ganado su grado militar en medio de la pólvora y el fragor de la guerra. Capitanes, coroneles o generales, el recuerdo de aquella contienda feroz seguía ardiendo en sus largas y nostálgicas conversaciones bajo los ventiladores del café, como si nada de lo ocurrido después, incluyendo la fiebre del banano, tuviese importancia en sus vidas.

El viejo y parsimonioso coronel concedía a su nieto la mayor importancia. Le escuchaba, respondía todas sus preguntas. Cuando no sabía contestarle, le decía: «Vamos a ver qué dice el diccionario.» (Desde entonces, Gabriel aprendió a mirar con respeto aquel libro polvoriento que contenía la respuesta a tantos enigmas.) Cada vez que un circo levantaba su carpa en el pueblo, el viejo llevaba al niño de la mano para enseñarle gitanos, trapecistas y dromedarios; y alguna vez hizo abrir para él una caja de pargos congelados para revelarle el misterio del hielo.

A Gabriel le fascinaba ir con su abuelo hasta los linderos de la compañía bananera. Al otro lado de las mallas de alambre que cercaban el campamento, todo parecía limpio y refrigerado y sin relación alguna con el polvo y el calor abrasador del pueblo. Piscinas de aguas azules con mesitas y parasoles alrededor; campos de grama muy verde, que parecían tomados de una estampa de Virginia; muchachas jugando al tenis: un mundo de Scott Fitzgerald, en pleno corazón del trópico.

Al atardecer, aquellas muchachas norteamericanas vestidas todavía a la moda de los años veinte, que uno habría podido situar en el Montparnasse de los años locos o en el vestíbulo del hotel Plaza de Nueva York, salían en automóvil para dar una vuelta por las ardientes calles de Aracataca. El auto era descapotable, y ellas, frágiles y alegres y como inmunes al calor en sus vaporosos trajes de muselina blanca, iban sentadas en medio de dos inmensos perros lobos. Miradas soñolientas las seguían desde los umbrales, a través del polvo que levantaba el vehículo.

El polvo aquel, las muchachas, el auto descapotable recorriendo las calles del atardecer; los viejos militares derrotados y el abuelo recordando siempre sus guerras; las tías tejiendo sus propias mortajas; la abuela hablando con sus muertos, y los muertos suspirando en las alcobas; el jazminero del patio, y los trenes amarillos cargados de bananos, y las quebradas de agua fresca corriendo en la sombra de las plantaciones y los alcaravanes de la madrugada: todo ello se lo llevaría el viento,

14

como el viento se lleva a Macondo en las últi-
mas páginas de Cien años de soledad.

*La muerte del abuelo, cuando Gabriel tenía
ocho años de edad, fue el fin de su primera
infancia; el fin de Aracataca también. Enviado a la remota y brumosa capital del país, en
el altiplano, él no volvería a su pueblo sino
tiempo después de haber abandonado su carrera de derecho, y sólo de manera fugaz, para
encontrar la desolación de lo que había dejado
de ser, irremediablemente.*

*Venía con su madre para vender la casa
que había sido de su abuelo. En la decrépita
estación, en otro tiempo llena de gentes y sombrillas de colores, no había nadie, de modo que
apenas el tren los dejó en el reverberante silencio del mediodía, acribillado por el canto
desolado de las chicharras, reanudó su marcha
como si hubiese pasado por un pueblo fantas-
mal. Todo parecía ruinoso y abandonado, devorado por el calor y el olvido. El polvo de
los años había caído sobre las viejas casas de
madera y los escuálidos almendros de la plaza.*

*A medida que avanzaban por la desolación
de las calles, Gabriel y su madre, sobrecogidos,
intentaban ubicar en aquel andrajoso escenario
el recuerdo remoto de aquellos tiempos de
animación y derroche que habían alcanzado a
vivir. Reconocían apenas lugares y casas, sin
entender como habían podido albergar en otro
tiempo familias respetables, de mujeres ves-*

tidas con olanes y austeros generales de pobla-
das patillas.

La primera amiga que la madre encontró
(estaba en la penumbra de un cuarto, sentada
frente a una máquina de coser) no pareció
reconocerla en el primer instante. Así que las
dos mujeres se observaron como tratando de
encontrar tras su apariencia cansada y madura
el recuerdo de las muchachas lindas y risueñas
que habían sido.

La voz de la amiga sonó triste y como sor-
prendida:

—Comadre —exclamó, levantándose.

Las dos se abrazaron y rompieron a llorar
al tiempo.

«Allí, de aquel reencuentro, salió mi primera novela», dice García Márquez.

Su primera novela y probablemente todas
las que vendrían después.

Los suyos

—Mi recuerdo más vivo y constante no es el de las personas, sino el de la casa misma de Aracataca donde vivía con mis abuelos. Es un sueño recurrente que todavía persiste. Más aún: todos los días de mi vida despierto con la impresión, falsa o real, de que he soñado que estoy en esa casa. No que he vuelto a ella, sino que estoy allí, sin edad y sin ningún motivo especial, como si nunca hubiera salido de esa casa vieja y enorme. Sin embargo, aun en el sueño, persiste el que fue mi sentimiento predominante durante toda aquella época: la zozobra nocturna. Era una sensación irremediable que empezaba siempre al atardecer, y que me inquietaba aun durante el sueño hasta que volvía a ver por las hendijas de las puertas la luz del nuevo día. No logro definirlo muy bien, pero me parece que aquella zozobra tenía un origen concreto, y es que en la noche se materializaban todas las fantasías, presagios y evocaciones de mi abuela. Esa era mi relación con ella: una especie de cordón invisible mediante el cual nos comunicábamos ambos con un universo sobrenatural. De día, el mundo mágico de la abuela me resultaba fascinante, vivía dentro de él, era mi mundo propio. Pero en la noche me causaba terror. Todavía hoy, a veces, cuando estoy durmiendo solo en un hotel de cualquier lugar del mundo, despierto de pronto agitado por ese miedo horrible de estar solo en las tinieblas, y necesito siempre unos minutos para racionalizarlo y volverme a dormir. El abuelo, en cambio, era para mí la seguridad absoluta dentro del mundo incierto de la abuela. Sólo con él desaparecía la zozobra, y me sentía con los pies sobre la tierra y bien establecido en la vida real. Lo raro, pensándolo ahora, es que yo quería ser como el abuelo —realista, valiente, seguro—, pero no podía resistir a la tentación constante de asomarme al mundo de la abuela.

—Háblame de tu abuelo. ¿Quién era, cómo fue tu relación con él?

—El coronel Nicolás Ricardo Márquez Mejía, que era su nombre completo, es tal vez la persona con quien mejor me he entendido y con quien mejor comunicación he tenido jamás, pero a casi cincuenta años de distancia tengo la impresión de que él nunca fue consciente de eso. No sé por qué, pero esta suposición, que surgió en mí por los tiempos de mi adolescencia, me ha resultado siempre traumática. Es como una frustración, como si estuviera condenado para siempre a vivir con una incertidumbre que debía ser aclarada, y que ya no lo será nunca, porque el coronel murió cuando yo tenía ocho años. No lo vi morir, porque yo estaba en otro pueblo por esos días, lejos de Aracataca, y ni siquiera me dieron la noticia de un modo directo, sino que la oí comentar en la casa donde estaba. Recuerdo que no me causó ninguna impresión. Pero en toda mi vida de adulto, cada vez que me ocurre algo, sobre todo cada vez que me sucede algo bueno, siento que lo único que me falta para que la alegría sea completa, es que lo sepa el abuelo. De modo que todas mis alegrías de adulto han estado y seguirán estando para siempre perturbadas por ese germen de frustración.

—¿Hay algún personaje de tus libros que se parezca a él?

—El único personaje que se parece a mi abuelo es el coronel sin nombre de *La hojarasca*. Más aún: es casi un calco minucioso de su imagen y su carácter, aunque tal vez esto sea muy subjetivo, porque no está descrito en la novela y es muy probable que el lector tenga de él una imagen distinta de la mía. Mi abuelo había perdido un ojo de una manera que siempre me pareció demasiado literaria para ser contada: estaba contemplando desde la ventana de su oficina un hermoso caballo blanco, y de pronto sintió algo en el ojo izquierdo, se lo cubrió con la mano, y perdió la visión sin dolor. Yo no recuerdo el episodio, pero lo oí contar de niño muchas veces, y mi abuela decía siempre al final: «Lo único que le quedó en la mano fueron las lágrimas.» Ese defecto físico está traspuesto en el personaje de *La hojarasca:* el coronel es cojo. No recuerdo si lo digo en la novela, pero siempre he pensado que el problema de esa pierna surgió de una herida de guerra. La guerra civil de los Mil Días, que fue la última de Colombia en los primeros años de este siglo, y en la cual mi abuelo obtuvo el grado de coronel revolucionario del lado del partido liberal. El recuerdo más impresionante que tengo de mi abuelo tiene que ver con eso: poco antes de su muerte, no sé por qué motivo, el médico le estaba haciendo un examen en la cama, y de pronto se detuvo ante una cicatriz que tenía muy cerca de la ingle. Mi abuelo le dijo: «Eso es un balazo.» Muchas veces me había hablado de la guerra civil, y de ahí surgió el interés que aparece en todos mis libros por ese episodio histórico, pero nunca me había dicho que aquella cicatriz era causada por una bala. Cuando se lo dijo al médico, para mí fue como la revelación de algo legendario y heroico.

—Siempre creí que el coronel Aureliano Buendía se parecía a tu abuelo...

—No, el coronel Aureliano Buendía es el personaje opuesto a la imagen que yo tengo de mi abuelo. Este era rechoncho y sanguíneo, y era además el comilón más voraz que recuerde y el fornicador más desaforado, según supe mucho más tarde. El coronel Buendía, en cambio, no sólo responde más bien a la estampa huesuda del general Rafael Uribe Uribe[1], sino que tiene su misma tendencia a la austeridad. Nunca vi a Uribe Uribe, por supuesto, pero mi abuela contaba que antes de mi nacimiento pasó por Aracataca y estuvo en la oficina de mi abuelo con otros veteranos de sus guerras, tomando cerveza. La visión que mi abuela tenía de él, es igual a la descripción que hizo Adelaida, la esposa del coronel de *La hojarasca,* cuando vio por primera vez al médico francés, y quien, según ella misma lo dice en la novela, se le pareció a un militar. No está dicho, pero en mi fuero interno yo sé que ella creía que era el general Uribe Uribe.

—¿Cómo ves la relación que has tenido con tu madre?

—El distintivo de mi relación con mi madre, desde muy niño, ha sido el de la seriedad. Es tal vez la relación más seria que he tenido en mi vida, y creo que no existe nada que ella y yo no podamos decirnos ni ningún tema que no podamos tratar, pero casi siempre lo hemos hecho, más que con un sentido de intimidad, con un cierto rigor que casi podría considerarse profesional. Es una concepción difícil de

---

1. Caudillo liberal colombiano, jefe de las fuerzas que se alzaron contra el Gobierno conservador en 1899.

explicar, pero es así. Tal vez esto se debe a que empecé a vivir con ella y con mi padre cuando ya yo tenía uso de razón —después de que murió mi abuelo—, y mi entrada en la casa debió ser para ella como la de alguien con quien podía entenderse, en medio de sus hijos numerosos, todos menores que yo, y quien la ayudaba a pensar los problemas domésticos, que eran muy arduos y nada gratos, dentro de una pobreza que en cierto momento llegó a ser extrema. Además, nunca tuvimos ocasión de vivir bajo el mismo techo por mucho tiempo continuo, porque a los pocos años, cuando yo cumplí doce, me fui para el colegio, primero en Barranquilla y después en Zipaquirá, y desde entonces hasta hoy sólo nos hemos visto en visitas breves, primero durante las vacaciones escolares, y después cada vez que voy a Cartagena, que nunca es más de una vez al año y nunca por más de quince días. Esto, sin remedio, crea una cierta distancia en el trato, un cierto pudor que encuentra su expresión más confortable en la seriedad. Ahora bien: desde hace unos doce años, cuando empecé a tener recursos para hacerlo, la llamo por teléfono todos los domingos a la misma hora, desde cualquier parte del mundo, y las muy pocas veces en que no lo he hecho ha sido por imposibilidades técnicas. No es que yo sea buen hijo, como se dice, ni mejor que cualquier otro, sino que siempre he considerado que esa llamada dominical forma parte de la seriedad de nuestras relaciones.

—¿Es cierto que ella descubre fácilmente las claves de tus novelas?

—Sí, de todos mis lectores, ella es el que en realidad tiene más instinto, y desde luego mejores datos para identificar en la vida real a los personajes de mis libros. No es fácil, porque casi todos mis personajes son como rompecabezas armados con piezas de muchas personas distintas, y por supuesto con piezas de mí mismo. El mérito de mi madre es que ella tiene en este terreno la misma destreza que tienen los arqueólogos cuando logran reconstruir un animal prehistórico completo a partir de una vértebra encontrada en una excavación. Leyendo mis libros, ella elimina por puro instinto las piezas añadidas, y reconoce la vértebra primaria y esencial en torno de la cual yo construí el personaje. A veces, cuando está leyendo, uno le oye decir: «Ay, mi pobre compadre, aparece aquí como si fuera marica.» Yo le digo que no es cierto, que aquel personaje no tiene nada que ver con su compadre, pero lo digo por decir algo, porque ella sabe que yo sé que ella sabe.

—¿Cuál de tus personajes femeninos se parece a ella?

—Ninguno, antes de la *Crónica de una muerte anunciada*, está basado en mi madre. El carácter de Úrsula Iguarán, en *Cien años de soledad*, tiene algunos rasgos de ella, pero tie-

23

ne muchos más de muchas otras mujeres que he conocido en la vida. En realidad, Ursula es para mí la mujer ideal, en el sentido de que es el paradigma de la mujer esencial, tal como yo la concibo. Lo que resulta sorprendente es la verdad contraria: que a medida que mi madre envejece se parece más a la imagen totalizadora que yo tenía de Ursula, y la evolución de su carácter se acentúa en ese sentido. Por eso su actuación en la *Crónica* podría parecer una repetición del personaje de Ursula. Y sin embargo, no es así: es un retrato fiel de mi madre, tal como yo lo veo, y por eso está allí con su nombre propio. El único comentario que ella hizo al respecto, fue cuando se vio con su segundo nombre: Santiaga. «Ay, Dios mío —exclamó—, me he pasado toda la vida tratando de ocultar ese nombre tan feo, y ahora se va a conocer en todo el mundo y en todos los idiomas.»

—Nunca hablas de tu padre. ¿Cómo lo recuerdas? ¿Cómo lo ves hoy?

—Cuando cumplí treinta y tres años, tomé conciencia de pronto de que ésa era la edad de mi padre cuando lo vi entrar por primera vez en la casa de mis abuelos. Lo recuerdo muy bien, porque era el día de su cumpleaños, y alguien dijo: «Cumples la edad de Cristo.» Era un hombre esbelto, moreno, dicharachero y simpático, con un vestido entero de dril blanco y un sombrero *canotier*. Un perfecto caribe de los años treinta. Lo raro es que ahora tiene ochenta años, muy bien llevados en todo sentido, y no logro verlo como es en realidad, sino como lo vi aquella primera vez en casa de mis abuelos. Hace poco, él le dijo a un amigo que yo me creía como esos pollos que, según dicen, son engendrados sin la participación del gallo. Lo decía de muy buen modo y con su buen sentido del humor, como un reproche porque yo siempre hablo de mis relaciones con mi madre, y pocas veces hablo de él. Tiene razón. Pero el motivo real de esa exclusión es que lo conozco muy poco, y en todo caso mucho menos que a mi madre. Sólo ahora, cuando ya casi tenemos la misma edad, como le digo a veces, hemos establecido una comunicación tranquila. Creo tener una explicación. Cuando llegué a vivir con mis padres, a los ocho años, yo llevaba una imagen paterna muy bien sentada: la imagen del abuelo. Y mi padre es no sólo muy distinto del abuelo, sino casi todo lo contrario. Su carácter, su sentido de la autoridad, su concepción general de la vida y de su relación con los hijos eran por completo diferentes. Es muy probable que yo, a la edad que tenía entonces, me hubiera sentido afectado por aquel cambio tan brusco. El resultado fue que nuestras relaciones hasta mi adolescencia fueron para mí muy difíciles, y siempre por culpa mía: nunca me sentía seguro de cuál debía ser mi comportamiento ante él, no sabía cómo complacerlo, y él era entonces de una severidad que yo confundía con la incomprensión. Sin embargo, creo que ambos lo resolvimos muy bien, porque nunca, en ningún momento y por ningún motivo, tuvimos un tropiezo serio.

»En cambio, creo que muchos elementos de mi vocación literaria me vienen de él, que escribió versos en su juventud, y no siempre clandestinos, y que tocaba muy bien el violín cuando era el telegrafista de Aracataca. Le ha gustado siempre la buena literatura, y es un lector tan voraz, que cuando uno llega a la casa no tiene que preguntar dónde está, porque todos lo sabemos: está leyendo en su dormitorio, que es el único lugar tranquilo en una casa de locos, donde no se sabe nunca cuántos seremos en la mesa, porque hay una incontable población flotante de hijos y nietos y sobrinos, que entramos y salimos a toda hora, y cada uno con su tema propio. Mi padre siempre está leyendo todo lo que le cae en las manos: los mejores autores literarios, todos los periódicos, todas las revistas, folletos de propaganda, manuales de refrigeradores, lo que sea. No conozco a nadie más mordido por el vicio de la lectura. Por lo demás, nunca se ha tomado una gota de alcohol ni se ha fumado un cigarrillo, pero ha tenido dieciséis hijos conocidos y no sabemos cuántos desconocidos, y ahora, con los ochenta años más fuertes y lúcidos que conozco, no parece dispuesto a cambiar sus costumbres, sino todo lo contrario.

—Todos tus amigos sabemos el papel que

ha jugado en tu vida Mercedes. Cuéntame dónde la conociste, cómo te casaste con ella y sobre todo cómo has logrado eso tan raro que es un matrimonio feliz.

—A Mercedes la conocí en Sucre, un pueblo del interior de la costa Caribe, donde vivieron nuestras familias durante varios años, y donde ella y yo pasábamos nuestras vacaciones. Su padre y el mío eran amigos desde la juventud. Un día, en un baile de estudiantes, y cuando ella tenía sólo trece años, le pedí sin más vueltas que se casara conmigo. Pienso ahora que la proposición era una metáfora para saltar por encima de todas las vueltas y revueltas que había que hacer en aquella época para conseguir novia. Ella debió entenderlo así, porque seguimos viéndonos de un modo esporádico y siempre casual, y creo que ambos sabíamos sin ninguna duda que tarde o temprano la metáfora se iba a volver verdad. Como se volvió, en efecto, unos diez años después de inventada, y sin que nunca hubiéramos sido novios de verdad, sino una pareja que esperaba sin prisa y sin angustias algo que se sabía inevitable. Ahora estamos a punto de cumplir veinticinco años de casados, y en ningún momento hemos tenido una controversia grave. Creo que el secreto está en que hemos seguido entendiendo las cosas como las entendíamos antes de casarnos. Es decir, que el matrimonio, como la vida entera, es algo terriblemente difícil que hay que volver a empezar desde el

27

principio todos los días, y todos los días de nuestra vida. El esfuerzo es constante, e inclusive agotador muchas veces, pero vale la pena. Un personaje de alguna novela mía lo dice de un modo más crudo: «También el amor se aprende.»

—¿Algún personaje tuyo está inspirado en ella?

—Ningún personaje de mis novelas se parece a Mercedes. Las dos veces que aparece en *Cien años de soledad* es ella misma, con su nombre propio y su identidad de boticaria, y lo mismo ocurre las dos veces en que interviene en la *Crónica de una muerte anunciada*. Nunca he podido ir más lejos en su aprovechamiento literario, por una verdad que podría parecer una *boutade*, pero que no lo es: he llegado a conocerla tanto que ya no tengo la menor idea de cómo es en realidad.

—Tus amigos: ¿Qué representan ellos en tu vida? ¿Has logrado conservar todas tus amistades de juventud?

—Algunas se me han ido quedando regadas en el camino, pero las esenciales en mi vida han sobrevivido a todas las tormentas. No ha sido por casualidad, sino todo lo contrario: yo me he cuidado, en cada minuto de mi vida y en cualquier circunstancia, de que así sea. Está en mi carácter, y ya lo he dicho en muchas entrevistas: nunca, en ninguna circunstancia, he olvidado que en la verdad de mi alma no soy nadie más ni seré nadie más que

uno de los dieciséis hijos del telegrafista de
Aracataca. En los últimos quince años, cuando
la fama me ha caído encima como algo no bus-
cado e indeseable, mi trabajo más difícil ha
sido la preservación de mi vida privada. Lo
he logrado, más restringida y vulnerable que
antes, pero lo suficiente para que quepa en ella
lo único que a fin de cuentas me interesa de
veras en la vida, que son los afectos de mis
hijos y de mis amigos. Viajo mucho por el
mundo, pero siempre el interés primordial de
esos viajes es encontrarme con mis amigos de
siempre, que además no son muchos. En realidad, el único momento de la vida en que me
siento ser yo mismo, es cuando estoy con ellos.
Siempre en grupos muy pequeños, ojalá no
más de seis cada vez, pero mejor si somos
cuatro. Si yo los escojo para la reunión es
siempre mejor, porque una de las cosas que
sé muy bien es reunir a los amigos según sus
afinidades, de modo que no haya ninguna tensión en el grupo. Esto, por supuesto, me lleva
mucho tiempo, pero lo encuentro siempre, porque es mi tiempo esencial. Los muy pocos que
he perdido en el camino ha sido siempre por
la misma razón: porque no entendieron que
mi situación es muy difícil de manejar, y está
amenazada por el riesgo constante de acciden-
tes y errores que pueden afectar por un instante una vieja amistad. Pero si un amigo no
entiende esto, con el dolor de mi alma, se acabó
para siempre: un amigo que no entiende, sim-

plemente, no es tan bueno como uno creía. En cuanto a sexos, no hago distinción en este terreno, pero siempre he tenido la impresión de entenderme mejor con las mujeres que con los hombres. En todo caso yo me considero el mejor amigo de mis amigos, y creo que ninguno de ellos me quiere tanto como quiero yo al amigo que quiero menos.

—Tienes una magnífica relación con tus dos hijos. ¿Cuál es la fórmula?

—Mis relaciones con mis hijos son excepcionalmente buenas, como tú dices, por lo mismo que te he dicho de la amistad. Por muy consternado, desbordado, distraído o cansado que esté, siempre he tenido tiempo para hablar con mis hijos, para estar con ellos desde que nacieron. En nuestra casa, desde que nuestros hijos tienen uso de razón, todas las decisiones se discuten y se resuelven de común acuerdo. Todo se maneja con cuatro cabezas. No lo hago por sistema, ni porque piense que es un método mejor o peor, sino porque descubrí de pronto, cuando mis hijos empezaron a crecer, que mi verdadera vocación es la de padre: me gusta serlo, la experiencia más apasionante de mi vida ha sido la de ayudar a crecer a mis dos hijos, y creo que lo que he hecho mejor en la vida no son mis libros sino mis hijos. Son como dos amigos nuestros, pero criados por nosotros mismos.

—¿Compartes tus problemas con ellos?

—Si mis problemas son grandes, trato de

compartirlos con Mercedes y mis hijos. Si son muy grandes, es probable que recurra además a algún amigo que pueda ayudarme con sus luces. Pero si son demasiado grandes no los consulto con nadie. En parte por pudor, y en parte por no pasarles a Mercedes y a mis hijos, y eventualmente a algún amigo, una preocupación adicional. De modo que me los trago solo. El resultado, por supuesto, es una úlcera del duodeno que funciona como un timbre de alarma, y con la cual he tenido que aprender a vivir, como si fuera una amante secreta, difícil y a veces dolorosa, pero imposible de olvidar.

El oficio

—Empecé a escribir por casualidad, quizá sólo para demostrarle a un amigo que mi generación era capaz de producir escritores. Después caí en la trampa de seguir escribiendo por gusto y luego en la otra trampa de que nada me gustaba más en el mundo que escribir.

—Has dicho que escribir es un placer. También has dicho que es un sufrimiento. ¿En qué quedamos?

—Las dos cosas son ciertas. Cuando estaba comenzando, cuando estaba descubriendo el oficio, era un acto alborozado, casi irresponsable. En aquella época, recuerdo, después de que terminaba mi trabajo en el periódico, hacia las dos o tres de la madrugada, era capaz de escribir cuatro, cinco, hasta diez páginas de un libro. Alguna vez, de una sola sentada, escribí un cuento.

—¿Y ahora?

—Ahora me considero afortunado si puedo escribir un buen párrafo en una jornada. Con el tiempo el acto de escribir se ha vuelto un sufrimiento.

—¿Por qué? Uno diría que con el mayor dominio que tienes del oficio, escribir debe resultarte más fácil.

—Lo que ocurre simplemente es que va aumentando el sentido de la responsabilidad. Uno tiene la impresión de que cada letra que escribe tiene ahora una resonancia mayor, que se afecta a mucha más gente.

—Quizás es una consecuencia de la fama. ¿Tanto te incomoda?

—Me estorba, lo peor que le puede ocurrir a un hombre que no tiene vocación para el éxito literario, en un continente que no estaba preparado para tener escritores de éxito, es que sus libros se vendan como salchichas. Detesto convertirme en espectáculo público. Detesto la televisión, los congresos, las conferencias, las mesas redondas...

—Las entrevistas.

—También. No, el éxito no se lo deseo a nadie. Le sucede a uno lo que a los alpinistas, que se matan por llegar a la cumbre y cuando llegan, ¿qué hacen? Bajar, o tratar de bajar discretamente, con la mayor dignidad posible.

—Cuando eras joven y tenías que ganarte la vida con otros oficios, escribías de noche, fumando mucho.

—Cuarenta cigarrillos diarios.

—¿Y ahora?

—Ahora no fumo, y trabajo sólo de día.

—Por la mañana.

—De nueve a tres de la tarde, en un cuarto sin ruidos y con buena calefacción. Las voces y el frío me perturban.

—¿Te angustia, como a otros escritores, la hoja en blanco?

—Sí, es la cosa más angustiosa que conozco después de la claustrofobia. Pero esa angustia acabó para mí en cuanto leí un consejo de Hemingway, en el sentido de que se debe interrumpir el trabajo sólo cuando uno sabe cómo continuar al día siguiente.

—¿Cuál es, en tu caso, el punto de partida de un libro?

—Una imagen visual. En otros escritores, creo, un libro nace de una idea, de un concepto. Yo siempre parto de una imagen. *La siesta del martes*, que considero mi mejor cuento, surgió de la visión de una mujer y de una niña vestidas de negro y con un paraguas negro, caminando bajo un sol ardiente en un pueblo desierto. *La hojarasca* es un viejo que lleva a su nieto a un entierro. El punto de partida de *El coronel no tiene quien le escriba* es la imagen de un hombre esperando una lancha en el mercado de Barranquilla. La esperaba con una especie de silenciosa zozobra. Años después yo me encontré en París esperando una carta, quizás un giro, con la misma angustia, y me identifiqué con el recuerdo de aquel hombre.

—¿Y cuál fue la imagen visual que sirvió de punto de partida para *Cien años de soledad*?

—Un viejo que lleva a un niño a conocer el hielo exhibido como curiosidad de circo.

—¿Era tu abuelo, el coronel Márquez?

—Sí.

—¿El hecho está tomado de la realidad?

—No directamente, pero sí está inspirado en ella. Recuerdo que, siendo muy niño, en Aracataca, donde vivíamos, mi abuelo me llevó a conocer un dromedario en el circo. Otro día, cuando le dije que no había visto el hielo, me llevó al campamento de la compañía bananera, ordenó abrir una caja de pargos congelados y me hizo meter la mano. De esa imagen parte todo *Cien años de soledad*.

—Asociaste, pues, dos recuerdos en la primera frase del libro. ¿Cómo dice exactamente?

—«Muchos años después, frente al pelotón de fusilamiento, el coronel Aureliano Buendía había de recordar aquella tarde remota en que su padre lo llevó a conocer el hielo.»

—En general, a la primera frase de un libro le asignas mucha importancia. Me dijiste que a veces te llevaba más tiempo escribir esta primera frase que todo el resto. ¿Por qué?

—Porque la primera frase puede ser el laboratorio para establecer muchos elementos del estilo, de la estructura y hasta de la longitud del libro.

—¿Te lleva mucho tiempo escribir una novela?

—Escribirla en sí, no. Es un proceso más bien rápido. En menos de dos años escribí *Cien años de soledad*. Pero antes de sentarme a la máquina duré quince o diecisiete años pensando en ese libro.

—Y duraste un tiempo igual madurando *El otoño del patriarca*. ¿Cuántos años esperaste para escribir la *Crónica de una muerte anunciada?*

—Treinta años.

—¿Por qué tanto tiempo?

—Cuando ocurrieron los hechos, en 1951, no me interesaron como material de novela sino como reportaje. Pero aquél era un género poco desarrollado en Colombia en esa época, y yo era un periodista de provincia en un periódico local al que tal vez no le hubiera interesado el asunto. Empecé a pensar el caso en términos literarios varios años después, pero siempre tuve en cuenta la contrariedad que le causaba a mi madre la sola idea de ver a tanta gente amiga, e inclusive a algunos parientes, metidos en un libro escrito por un hijo suyo. Sin embargo, la verdad de fondo es que el tema no me arrastró de veras sino cuando descubrí, después de pensarlo muchos años, lo que me pareció el elemento esencial: que los dos homicidas no querían cometer el crimen y habían hecho todo lo posible para que alguien se lo impidiera, y no lo consiguieron. Es eso, en última instancia, lo único realmente nuevo que tiene este drama, por lo demás bastante corriente en América Latina. Una causa posterior de la demora fue de carácter estructural. En realidad, la historia termina casi veinticinco años después del crimen, cuando el esposo regresa con la esposa repudiada, pero para mí fue siempre evidente que el final del libro tenía que ser la descripción minuciosa del crimen. La solución fue introducir un narrador —que por primera vez soy yo mismo— que estuviera en condiciones de pasearse a su gusto al derecho y al revés en el tiempo estructural de la novela. Es decir, al cabo de treinta años, descubrí algo que muchas veces se nos olvida a los novelistas: que la mejor fórmula literaria es siempre la verdad.

—Hemingway decía que no se debía escribir sobre un tema ni demasiado pronto, ni demasiado tarde. ¿No te ha preocupado guardar tantos años una historia en tu cabeza sin escribirla?

—En realidad, nunca me ha interesado una idea que no resista muchos años de abandono. Si es tan buena como para resistir los quince años que esperó *Cien años de soledad*, los diecisiete de *El otoño del patriarca* y los treinta de *Crónica de una muerte anunciada*, no me queda más remedio que escribirla.

—¿Tomas notas?

—Nunca, salvo apuntes de trabajo. Sé por experiencia que cuando se toman notas uno termina pensando para las notas y no para el libro.

—¿Corriges mucho?

—En ese aspecto, mi trabajo ha cambiado mucho. Cuando era joven, escribía de un tirón, sacaba copias, volvía a corregir. Ahora voy corrigiendo línea por línea a medida que escribo, de suerte que al terminar la jornada tengo una hoja impecable, sin manchas ni tachaduras, casi lista para llevar al editor.

—¿Rompes muchas hojas?

—Una cantidad inimaginable. Yo empiezo una hoja a máquina...

—¿Siempre a máquina?

—Siempre. En máquina eléctrica. Y cuando me equivoco, o no me gusta la palabra escrita, o simplemente cuando cometo un error de mecanografía, por una especie de vicio, de manía o de escrúpulo, dejo la hoja a un lado y pongo otra nueva. Puedo gastar hasta quinientas hojas para escribir un cuento de doce. Es decir: no he podido sobreponerme a la manía de que un error mecanográfico me parece un error de creación.

—Muchos escritores son alérgicos a la máquina eléctrica. ¿Tú no?

—No, estoy tan compenetrado con ella, que yo no podría escribir sino en máquina eléctrica. En general, creo que se escribe mejor cuando se dispone en todo sentido de condiciones confortables. No creo en el mito romántico de que el escritor debe pasar hambre, debe estar jodido, para producir. Se escribe mejor habiendo comido bien y con una máquina eléctrica.

—Rara vez hablas en tus entrevistas de tus libros en proceso, ¿por qué?

—Porque forman parte de mi vida privada. La verdad es que siento un poco de compasión por los escritores que cuentan en entrevistas el argumento de su próximo libro. Es una prueba de que las cosas no les están saliendo bien, y se consuelan resolviendo en la prensa los problemas que no han podido resolver en la novela.

—Pero del libro en proceso sueles hablar mucho con tus amigos más cercanos.

—Sí, los someto a un trabajo agotador. Cuando estoy escribiendo una cosa, hablo mucho de ella. Es una manera de descubrir dónde están los terrenos firmes y los terrenos flojos. Una manera de orientarme en la oscuridad.

—Hablas pero casi nunca das a leer lo que estás escribiendo.

—Nunca. Yo lo he resuelto como si fuera una superstición. Creo, en realidad, que en el trabajo literario uno siempre está solo. Como un náufrago en medio del mar. Sí, es el oficio más solitario del mundo. Nadie puede ayudarle a uno a escribir lo que está escribiendo.

—¿Cuál es, para ti, el sitio ideal para escribir?

—Lo he dicho varias veces: una isla desierta por la mañana y la gran ciudad por la noche. Por la mañana, necesito silencio. Por la noche, un poco de alcohol y buenos amigos para conversar. Siempre tengo la necesidad de estar en contacto con la gente de la calle y bien enterado de la actualidad. Todo esto corresponde a lo que quiso decir William Faulkner cuando declaró que la casa perfecta para un escritor era un burdel, pues en las horas de la mañana hay mucha calma y en cambio en las noches hay fiesta.

—Hablemos de todo el lado artesanal del oficio de escribir. En este largo aprendizaje que ha sido el tuyo, ¿podrías decirme quiénes te han sido útiles?

—En primer término, mi abuela. Me contaba las cosas más atroces sin conmoverse, como si fuera una cosa que acabara de ver. Descubrí que esa manera imperturbable y esa riqueza de imágenes era lo que más contribuía a la verosimilitud de sus historias. Usando el mismo método de mi abuela, escribí *Cien años de soledad*.

—¿Fue ella la que te permitió descubrir que ibas a ser escritor?

—No, fue Kafka que, en alemán, contaba las cosas de la misma manera que mi abuela. Cuando yo leí a los diecisiete años *La metamorfosis*, descubrí que iba a ser escritor. Al ver que Gregorio Samsa podía despertarse una mañana convertido en un gigantesco escarabajo, me dije: «Yo no sabía que esto era posible hacerlo. Pero si es así, escribir me interesa.»

—¿Por qué te llamó tanto la atención? ¿Por la libertad de poder inventar cualquier cosa?

—Por lo pronto comprendí que existían en

la literatura otras posibilidades que las racionalistas y muy académicas que había conocido hasta entonces en los manuales del liceo. Era como despojarse de un cinturón de castidad. Con el tiempo descubrí, no obstante, que uno no puede inventar o imaginar lo que le da la gana, porque corre el riesgo de decir mentiras, y las mentiras son más graves en la literatura que en la vida real. Dentro de la mayor arbitrariedad aparente, hay leyes. Uno puede quitarse la hoja de parra racionalista, a condición de no caer en el caos, en el irracionalismo total.

—En la fantasía.

—Sí, en la fantasía.

—La detestas. ¿Por qué?

—Porque creo que la imaginación no es sino un instrumento de elaboración de la realidad. Pero la fuente de creación al fin y al cabo es siempre la realidad. Y la fantasía, o sea la invención pura y simple, a lo Walt Disney, sin ningún asidero en la realidad, es lo más detestable que pueda haber. Recuerdo que alguna vez, interesado en escribir un libro de cuentos infantiles, te mandé como prueba *El mar del tiempo perdido*. Con la franqueza de siempre, me dijiste que no te gustaba, y creías que era por una limitación tuya: la fantasía no te decía nada. Pero el argumento me resultó demoledor porque tampoco a los niños les gusta la fantasía. Lo que les gusta, por supuesto, es la imaginación. La diferencia que hay entre la una y la otra es la misma que hay entre un ser humano y el muñeco de un ventrílocuo.

—Después de Kafka, ¿qué otros escritores te han sido útiles desde el punto de vista del oficio y de sus trucos?

—Hemingway.

—A quien no consideras un gran novelista.

—A quien no considero un gran novelista, pero sí un excelente cuentista. O el consejo aquel de que un cuento, como el *iceberg*, debe estar sustentado en la parte que no se ve: en el estudio, la reflexión, el material reunido y no utilizado directamente en la historia. Sí, Hemingway le enseña a uno muchas cosas, inclusive a saber cómo un gato dobla una esquina.

—Greene te enseñó también algunas cosas. Lo hemos hablado alguna vez.

—Sí, Graham Greene me enseñó nada menos que a descifrar el trópico. A uno le cuesta mucho trabajo separar los elementos esenciales para hacer una síntesis poética en un ambiente que conoce demasiado, porque sabe tanto que no sabe por dónde empezar, y tiene tanto que decir que al final no sabe nada. Ese era mi problema con el trópico. Yo había leído con mucho interés a Cristóbal Colón, a Pigafetta y a los cronistas de Indias, que tenían una visión original, y había leído a Salgari y a Conrad y a los tropicalistas latinoamericanos de principios del siglo que tenían los espejuelos del modernismo, y a muchos otros, y encontraba una distancia muy grande entre su visión y la realidad. Algunos incurrían en enumeraciones que paradójicamente cuanto más se alargaban más limitaban su visión. Otros, ya lo sabemos, sucumbían a la hecatombe retórica. Graham Greene resolvió ese problema literario de un modo muy certero: con unos pocos elementos dispersos, pero unidos por una coherencia subjetiva muy sutil y real. Con ese método se puede reducir todo el enigma del trópico a la fragancia de una guayaba podrida.

—¿Hay otra enseñanza útil que recuerdas haber recibido?

—Una que le escuché a Juan Bosch en Caracas, hace como veinticinco años. Dijo que el oficio de escritor, sus técnicas, sus recursos estructurales y hasta su minuciosa y oculta carpintería hay que aprenderlos en la juventud. Los escritores somos como los loros, que no aprendemos a hablar después de viejos.

—En definitiva, ¿el periodismo te ha servido de algo en el oficio literario?

—Sí, pero no como se ha dicho a encontrar un lenguaje eficaz. El periodismo me enseñó recursos para dar validez a mis historias. Ponerle sábanas (sábanas blancas) a Remedios la bella para hacerla subir al cielo, o darle una taza de chocolate (de chocolate y no de otra bebida) al padre Nicanor Reina antes de que se eleve diez centímetros del suelo, son recursos o precisiones de periodista, muy útiles.

—Siempre fuiste un apasionado del cine. ¿Puede enseñarle recursos útiles a un escritor?

—Pues no sabría qué decirte. En mi caso, el cine ha sido una ventaja y una limitación. Me enseñó, sí, a ver en imágenes. Pero al mismo tiempo compruebo ahora que en todos mis libros anteriores a *Cien años de soledad* hay un inmoderado afán de visualización de los personajes y las escenas, y hasta una obsesión por indicar puntos de vista y encuadres.

—Estás pensando, sin duda, en *El coronel no tiene quien le escriba*.

—Sí, es una novela cuyo estilo parece el de un guión cinematográfico. Los movimientos de los personajes son como seguidos por una cámara. Y cuando vuelvo a leer el libro, veo la cámara. Hoy creo que las soluciones literarias son diferentes a las soluciones cinematográficas.

—¿Por qué le das tan poca importancia al diálogo en tus libros?

—Porque el diálogo en lengua castellana resulta falso. Siempre he dicho que en este idioma ha habido una gran distancia entre el diálogo hablado y el diálogo escrito. Un diálogo en castellano que es bueno en la vida real no es necesariamente bueno en las novelas. Por eso lo trabajo tan poco.

—Antes de escribir una novela ¿sabes con exactitud lo que va a ocurrirle a cada uno de tus personajes?

—Sólo de una manera general. En el curso

del libro ocurren cosas imprevisibles. La primera idea que tuve del coronel Aureliano Buendía es que se trataba de un veterano de nuestras guerras civiles que moría orinando debajo de un árbol.

—Mercedes me contó que sufriste mucho cuando se murió.

—Sí, yo sabía que en un momento dado tenía que matarlo, y no me atrevía. El coronel estaba viejo ya, haciendo sus pescaditos de oro. Y una tarde pensé: «¡Ahora sí se jodió!» Tenía que matarlo. Cuando terminé el capítulo, subí temblando al segundo piso de la casa donde estaba Mercedes. Supo lo que había ocurrido cuando me vio la cara. «Ya se murió el coronel», dijo. Me acosté en la cama y duré llorando dos horas.

—¿Qué es para ti la inspiración? ¿Existe?

—Es una palabra desprestigiada por los románticos. Yo no la concibo como un estado de gracia ni como un soplo divino, sino como una reconciliación con el tema a fuerza de tenacidad y dominio. Cuando se quiere escribir algo, se establece una especie de tensión recíproca entre uno y el tema, de modo que uno atiza al tema y el tema lo atiza a uno. Hay un momento en que todos los obstáculos se derrumban, todos los conflictos se apartan, y a uno se le ocurren cosas que no había soñado, y entonces no hay en la vida nada mejor que escribir. Eso es lo que yo llamaría inspiración.

—¿Te ocurre, a veces, en el curso de un libro, perder este estado de gracia?

—Sí, y entonces vuelvo a reconsiderar todo desde el principio. Son las épocas en que compongo con un destornillador las cerraduras y los enchufes de la casa, y pinto las puertas de verde, porque el trabajo manual ayuda a veces a vencer el miedo a la realidad.

—¿Dónde puede estar la falla?

—Generalmente responde a un problema de estructura.

—¿Puede a veces ser un problema muy grave?

—Tan grave que me obliga a empezar todo de nuevo. *El otoño del patriarca* lo suspendí en México, en 1962, cuando llevaba casi trescientas cuartillas, y lo único que se salvó de ellas fue el nombre del personaje. La reanudé en Barcelona en 1968, trabajé mucho durante seis meses, y la volví a suspender porque no estaban muy claros algunos aspectos morales del protagonista, que es un dictador muy viejo. Como dos años después compré un libro sobre cacería en el Africa porque me interesaba el prólogo escrito por Hemingway. El prólogo no valía la pena, pero seguí leyendo el capítulo sobre los elefantes, y allí estaba la solución de la novela. La moral de mi dictador se explicaba muy bien por ciertas costumbres de los elefantes.

—¿Tuviste otros problemas, aparte de los

relacionados con la estructura y la psicología del personaje central?

—Sí, hubo un momento en que descubrí algo muy grave: no conseguía que hiciera calor en la ciudad del libro. Era grave, porque se trataba de una ciudad en el Caribe, donde debía hacer un calor tremendo.

—¿Cómo lo resolviste?

—Lo único que se me ocurrió fue cargar con toda mi familia para el Caribe. Estuve errando por allá casi un año, sin hacer nada. Cuando regresé a Barcelona, donde estaba escribiendo el libro, sembré algunas plantas, puse algún olor, y logré por fin que el lector sintiera el calor de la ciudad. El libro terminó sin más tropiezos.

—¿Qué pasa cuando el libro que escribes se está terminando?

—Deja de interesarme para siempre. Como decía Hemingway, es un león muerto.

—Has dicho que toda buena novela es una transposición poética de la realidad. ¿Podrías explicar este concepto?

—Sí, creo que una novela es una representación cifrada de la realidad, una especie de adivinanza del mundo. La realidad que se maneja en una novela es diferente a la realidad de la vida, aunque se apoye en ella. Como ocurre con los sueños.

—El tratamiento de la realidad en tus libros, especialmente en *Cien años de soledad* y en *El otoño del patriarca*, ha recibido un nombre, el de realismo mágico. Tengo la impresión de que tus lectores europeos suelen advertir la magia de las cosas que tú cuentas, pero no ven la realidad que las inspira...

—Seguramente porque su racionalismo les impide ver que la realidad no termina en el precio de los tomates o de los huevos. La vida cotidiana en América Latina nos demuestra que la realidad está llena de cosas extraordinarias. A este respecto suelo siempre citar al explorador norteamericano F. W. Up de Graff, que a fines del siglo pasado hizo un viaje increíble por el mundo amazónico en el que vio, entre otras cosas, un arroyo de agua hirviendo y un lugar donde la voz humana provocaba aguaceros torrenciales. En Comodoro Rivadavia, en el extremo sur de Argentina, vientos del polo se llevaron por los aires un circo entero. Al día siguiente, los pescadores sacaron en sus redes cadáveres de leones y jirafas. En *Los funerales de la Mamá Grande* cuento un inimaginable, imposible viaje del Papa a una aldea colombiana. Recuerdo haber descrito al presidente que lo recibía como calvo y rechoncho, a fin de que no se pareciera al que entonces gobernaba al país, que era alto y óseo. Once años después de escrito ese cuento, el Papa fue a Colombia y el presidente que lo recibió era, como en el cuento, calvo y rechoncho. Después de escrito *Cien años de soledad*, apareció en Barranquilla un muchacho confesando que tiene una cola de cerdo. Basta abrir los periódicos para saber que entre nosotros cosas extraordinarias ocurren todos los días. Conozco gente del pueblo raso que ha leído *Cien años de soledad* con mucho gusto y con mucho cuidado, pero sin sorpresa alguna, pues al fin y al cabo no les cuento nada que no se parezca a la vida que ellos viven.

—Entonces, ¿todo lo que pones en tus libros tiene una base real?

—No hay en mis novelas una línea que no esté basada en la realidad.

—¿Estás seguro? En *Cien años de soledad* ocurren cosas bastante extraordinarias. Remedios la Bella sube al cielo. Mariposas amarillas revolotean en torno a Mauricio Babilonia...

—Todo ello tiene una base real.

—Por ejemplo...

—Por ejemplo, Mauricio Babilonia. A mi casa de Aracataca, cuando yo tenía unos cinco años de edad, vino un día un electricista para cambiar el contador. Lo recuerdo como si fuera ayer porque me fascinó la correa con que se amarraba a los postes para no caerse. Volvió varias veces. Una de ellas, encontré a mi abuela tratando de espantar una mariposa con un trapo y diciendo: «Siempre que este hombre viene a casa se mete esa mariposa amarilla.» Ese fue el embrión de Mauricio Babilonia.

—¿Y Remedios la Bella? ¿Cómo se te ocurrió enviarla al cielo?

—Inicialmente había previsto que desapareciera cuando estaba bordando en el corredor ae ia casa con Rebeca y Amaranta. Pero este recurso, casi cinematográfico, no me parecía aceptable. Remedios se me iba a quedar de todas maneras por allí. Entonces se me ocurrió hacerla subir al cielo en cuerpo y alma. ¿El hecho real? Una señora cuya nieta se había fugado en la madrugada y que para ocultar esta fuga decidió correr la voz de que su nieta se había ido al cielo.

—Has contado en alguna parte que no fue fácil hacerla volar.

—No, no subía. Yo estaba desesperado porque no había manera de hacerla subir. Un día, pensando en este problema, salí al patio de mi casa. Había mucho viento. Una negra muy grande y muy bella que venía a lavar la ropa estaba tratando de tender sábanas en una cuerda. No podía, el viento se las llevaba. Entonces tuve una iluminación. «Ya está», pensé. Remedios la Bella necesitaba sábanas para subir al cielo. En este caso, las sábanas eran el elemento aportado por la realidad. Cuando volví a la máquina de escribir, Remedios la Bella subió, subió y subió sin dificultad. Y no hubo Dios que la parara.

La formación

En bancos de arena que se abrían en mitad
del río, se veía de pronto algún caimán ale-
targado por el calor. Cuando rompía la mañana o cuando se acababa el día con resplan-
dores de incendio, micos y loros chillaban en
las remotas riberas. Parecido a los vapores que
en época de Mark Twain surcaban el Missis-
sippi, el viejo barco de rueda tardaba ocho
días remontando con lentitud el río Magdalena,
hacia el interior del país. A los trece años, sólo
por primera vez, Gabriel iniciaba en aquel barco una especie de exilio que iba a ser definitivo en su vida.

Después del barco hubo un tren subiendo
fatigosamente por la brumosa cordillera. Y al
cabo de este largo viaje, una tarde de enero
que hoy recuerda como la más triste de su
vida, se encontró en la estación ferroviaria de
Bogotá, vestido con un traje negro que le habían recortado de su padre, chaleco y sombre-

ro, y con «un baúl que tenía algo del esplendor del santo sepulcro».

Bogotá le pareció «una ciudad remota y lúgubre donde estaba cayendo una llovizna inclemente desde el principio del siglo XVI. Lo primero que me llamó la atención de esa capital sombría fue que había demasiados hombres de prisa en las calles, que todos estaban vestidos como yo con trajes negros y sombreros, y que, en cambio, no veía a ninguna mujer. Me llamaron la atención los enormes percherones de carros de cerveza bajo la lluvia, las chispas de pirotecnia de los tranvías al doblar las esquinas bajo la lluvia, y los estorbos del tránsito para dar paso a los entierros interminables. Eran los entierros más lúgubres del mundo, en carrozas de altar mayor y caballos negros engringolados de terciopelos y morriones de plumones negros, y cadáveres de buenas familias que se sentían los inventores de la muerte».

Un europeo, habituado sólo a los pacíficos cambios de las estaciones —cambios que se organizan en el tiempo y no en el espacio— no puede fácilmente imaginar el violento contraste que en un mismo país puede existir entre el mundo del Caribe y el mundo de la cordillera, de los Andes. Contraste geográfico, en primer término. Mundo de luz y de calor, el Caribe sólo podría pintarse con azules y verdes intensos. Mundo de brumas, de lluvias te-

54

nues y vientos fríos, los Andes despliegan una fina gama de grises y verdes melancólicos.

Contraste humano, también. Descendiente de andaluces, de negros y arrogantes indios caribes, el costeño es abierto, alegre, ajeno a todo dramatismo y sin ninguna reverencia por jerarquías y protocolos. Le gusta el baile; ritmos africanos, percutantes, sobreviven en su música, que es siempre alegre. El colombiano de la cordillera, en cambio, marcado por el formalismo castellano y por el carácter taciturno y desconfiado del indio chibcha, es un hombre de sutiles reservas y ceremonias; sutil también en su humor. La cortesía de sus modales encubre a veces un fondo de agresividad, que el alcohol con frecuencia revela de manera intempestiva. (La violencia política del país nunca ha surgido de la costa, sino del altiplano.) Como el paisaje que rodea al andino, su música es triste: habla de abandonos, de distancias, de amores que se van.

Nada podía resultarle más extraño y más duro a aquel muchacho de trece años, venido de la costa, que encontrarse de pronto obligado a vivir en un mundo tan distinto al suyo. Quedó sobrecogido viendo aquella capital tan triste. En el crepúsculo, sonaban campanas llamando a rosario; por las ventanillas del taxi, veía calles grises de lluvia. La idea de vivir años en aquella atmósfera funeraria le oprimía el corazón. Para sorpresa de su acudiente, que había venido a buscarlo a la estación del tren, se echó a llorar.

El liceo donde iba becado funcionaba en un «convento sin calefacción y sin flores» y estaba en el mismo «pueblo remoto y lúgubre donde Aureliano Segundo fue a buscar a Fernanda del Carpio a mil kilómetros del mar». Para él, nacido en el Caribe, «aquel colegio era un castigo y aquel pueblo helado una injusticia».

Su único consuelo fue la lectura. Pobre, sin familia, costeño en un mundo de «cachacos», Gabriel encontraría en los libros la única manera de fugarse de una realidad tan sombría. En el vasto dormitorio del liceo, se leían libros en voz alta: La montaña mágica, Los tres mosqueteros, El jorobado de Nuestra Señora de París, El conde de Montecristo. Los domingos, sin ánimo de afrontar el frío y la tristeza de aquel pueblo andino, Gabriel se quedaba en la biblioteca del liceo leyendo novelas de Julio Verne y de Salgari y los poetas españoles o colombianos cuyos versos aparecían en los textos escolares. Malos poetas, poetas retóricos. Felizmente tuvo por aquella época una revelación literaria: los jóvenes poetas colombianos que, bajo la influencia de Rubén Darío, de Juan Ramón Jiménez y la más inmediata y evidente de Pablo Neruda, habían formado un grupo llamado de «Piedra y Cielo». Literariamente subversivo, aquel grupo acabó con los románticos, los parnasianos y los neoclásicos. Se permitían con las metáforas fulgurantes audacias. «Eran los terroristas de la época —dice hoy García Márquez—. Si no hubiese sido por Piedra y Cielo no estoy seguro de haberme convertido en escritor.»

Cuando terminó el liceo y entró a estudiar Derecho en la Universidad Nacional de Bogotá, la poesía seguía siendo lo que más le interesaba en la vida. En vez de códigos, leía versos. Versos, versos y versos, diría hoy. «Mi diversión más salaz (en aquella época) era meterme los domingos en los tranvías de vidrios azules que por cinco centavos giraban sin cesar de la Plaza de Bolívar hasta la avenida de Chile, y pasar en ellos esas tardes de desolación que parecían arrastrar una cola interminable de otros domingos vacíos. Lo único que hacía durante el viaje de círculos viciosos era leer libros de versos y versos y versos, a razón quizás de una cuadra de versos por cada cuadra de la ciudad, hasta que se encendían las primeras luces en la lluvia eterna, y entonces recorría los cafés taciturnos de la ciudad vieja en busca de alguien que me hiciera la caridad de conversar conmigo sobre los versos y versos y versos que acababa de leer.»

Su interés por la novela empezó la noche en que leyó La metamorfosis, de Kafka. Hoy recuerda cómo llegó a la pobre pensión de estudiantes donde vivía, en el centro de la ciudad, con aquel libro que acababa de prestarle un condiscípulo. Se quitó el saco y los zapatos, se acostó en la cama, abrió el libro y leyó: «Al despertarse Gregorio Samsa una mañana, tras un sueño intranquilo, encontróse en su cama convertido en un monstruoso insecto.» Gabriel cerró el libro, temblando. «Carajo —pensó—, de modo que esto se puede hacer.» Al día siguiente escribió su primer cuento. Y se olvidó de sus estudios.

Desde luego, su padre no entendería una decisión tan heroica. El antiguo telegrafista esperaba que su hijo lograra lo que él no pudo: obtener un título universitario. Así que, al saber que Gabriel había descuidado sus estudios, empezó a considerarlo sombríamente como un caso perdido. Con más benevolencia y humor, los amigos de Gabriel lo veían de la misma manera. Mal vestido, mal afeitado, ambulando por los cafés con un libro bajo el brazo, durmiendo y amaneciendo en cualquier parte, daba la impresión de ser un tipo a la deriva. Ahora, en vez de versos y versos y versos, leía novelas, novelas y más novelas: Dostoievski, en primer término; Tolstoi; Dickens; los franceses del siglo pasado: Flaubert, Stendhal, Balzac, Zola.

Regresó a la costa a los veinte años de edad. En Cartagena, una vieja ciudad de balcones y estrechas calles coloniales encerrada en soberbias murallas, encontró de nuevo la luz y el calor del Caribe, y trabajo en la polvorienta redacción de un diario, El Universal, como redactor de notas. Le sobraba el tiempo

para escribir cuentos y beber ron con sus ami-
gos en tumultuosas tabernas portuarias, espe-
rando la hora del amanecer, cuando goletas de
contrabandistas cargadas de putas zarpaban
hacia las islas de Aruba y Curazao.

Cosa extraña, en aquella ciudad despreocu-
pada y luminosa, que adora el baile, los reina-
dos de belleza y los partidos de béisbol, tuvo
un repentino coup de foudre *por los griegos,*
especialmente por Sófocles, gracias a un amigo
de juergas, hoy próspero abogado de aduanas,
que los conocía tan bien como los dedos de su
mano. El le hizo también conocer a Kierkegaard
y a Claudel.

Después de los griegos, hubo un descubri-
miento capital en su formación literaria: los an-
glosajones de este siglo, muy especialmente
Joyce, Virginia Woolf y William Faulkner. Los
descubrió gracias a un grupo de locos, de juer-
guistas descomunales, mordidos por la litera-
tura, que se había formado en Barranquilla,
otra ciudad de la costa colombiana del Cari-
be, adonde se fue a vivir después de Cartagena.

Ciudad extensa e industrial, que ha crecido
desordenadamente en medio del polvo y el ca-
lor en la desembocadura del río Magdalena,
Barranquilla no tiene el encanto de Cartagena;
ni el espejo azul de la bahía, ni murallas, ni
faroles, ni balcones antiguos, ni fantasmas de
marquesas, piratas e inquisidores en penum-
brosas casas coloniales. Es una ciudad de alu-

vión, franca y acogedora, que ha recibido gente de todos los lugares. Franceses evadidos de Cayena que siguieron en su fuga la misma ruta de Papillon; pilotos alemanes derrotados en la Primera Guerra Mundial; judíos escapados de las persecuciones nazis; emigrantes de Italia meridional, sirio-libaneses y jordanos, llegados nadie sabe cómo, una, dos o tres generaciones atrás, fueron fundadores de familias hoy respetables de la ciudad. Exceptuando el fulgurante paréntesis de un carnaval que una vez por año arroja a las calles carrozas llenas de flores y muchachas, y ruidosas comparsas vestidas con flamantes trajes de raso, es en la industria y el comercio donde la gente quema habitualmente sus energías. En aquel mundo de actividades mercantiles y diversiones fáciles, las vocaciones literarias o artísticas están condenadas a una alucinada marginalidad. Allí, más que en cualquier otra parte, escritores y pintores son los anticuerpos del organismo social. Pero, extraña paradoja, quizás por esa misma desesperada situación marginal, los artistas surgen de Barranquilla con más fuerza que en Bogotá, una ciudad que desde la Colonia tiene arrogantes pretensiones culturales.

Aquel grupo de juerguistas desaforados, mordidos por la literatura, que Gabriel encontró en Barranquilla en la proximidad de los años cincuenta, es hoy estudiado muy seriamente en universidades de Europa y de los

Estados Unidos, por especialistas de la literatura latinoamericana. Para ellos, García Márquez surge de esta pintoresca familia literaria, llamada «el Grupo de Barranquilla».

Sea válida o no esta filiación tan estricta, lo cierto es que el grupo aquel era uno de los más inquietos y mejor informados del continente. Resultó decisivo en la formación de García Márquez. Compuesto por muchachos muy jóvenes, bebedores, exuberantes, irrespetuosos, típicamente caribes y pintorescos como personajes de Pagnol, no se tomaba en serio a sí mismo. Sólidos amigos entre sí, leían mucho en aquel momento (a Joyce, a Virginia Woolf, a Steinbeck, Caldwell, Dos Passos, Hemingway, Sherwood Anderson, Teodoro Dreiser y al «viejo», como llamaban a Faulkner, su pasión común). Muy a menudo amanecían bebiendo y hablando de literatura en burdeles mitológicos, llenos de pájaros, de plantas y de muchachitas asustadas que se acostaban por hambre, tal como han quedado descritos en Cien años de soledad.

«Aquélla fue para mí una época de deslumbramiento —recuerda hoy García Márquez—. De descubrimientos también, no sólo de la literatura sino también de la vida. Nos emborrachábamos hasta el amanecer hablando de literatura. Cada noche aparecían en la conversación por lo menos diez libros que yo no había leído. Y al día siguiente, ellos (sus amigos

*ael grupo) me los prestaban. Los tenían todos...
Además, había un amigo librero a quien le ayu-
dábamos a hacer los pedidos. Cada vez que
llegaba una caja de libros de Buenos Aires,
hacíamos fiesta. Eran los libros de Sudamericana, de Losada, de Sur, aquellas cosas mag-
níficas que traducían los amigos de Borges.»*

*El tutor literario del grupo era don Ramón
Vinyes, exiliado catalán, ya mayor, que había
llegado años atrás a Barranquilla, desalojado
de su tierra natal por la derrota republicana
y de París por la llegada de los nazis. Don Ramón, que tenía por la literatura el mismo respeto que un militar por las armas, puso orden
en aquel desafuero de lecturas. Dejaba que
Gabriel y sus amigos se internaran fascinados
en las novelas de Faulkner o se extraviaran en
las encrucijadas abiertas por Joyce, pero de
tiempo en tiempo los llamaba al orden recor-
dándoles a Homero.*

*Muchos años después, Gabriel pagaría su
deuda con el viejo Vinyes, que iría a morir a
Barcelona devorado por la nostalgia de Macondo: es el sabio catalán de* Cien años de soledad.
*En realidad, el Macondo de las últimas páginas
del libro, no es ya Aracataca, sino Barranquilla, la de aquellos tiempos.*

*Todavía late en Gabriel cierta nostalgia
cuando recuerda su vida deslumbrante y mise-
rable de entonces. La calle del Crimen, con sus
bares y prostíbulos; un bar, el Happy, que ellos*

quebraron firmando vales, y otro más, muy famoso, La Cueva, que reunía frente a una misma barra cazadores, pescadores de sábalos y mordidos por la literatura. Barrios y noches que no acababan nunca.

Recuerda a veces el hotel de putas donde vivía. Cuando no tenía dinero para pagar su cuarto por una noche, dejaba al portero en consignación los originales de la novela que estaba escribiendo. «Aquel hotel —cuenta él hoy— era muy grande y con cuartos de tabiques de cartón, en los cuales se escuchaban los secretos de los cuartos vecinos. Yo reconocía las voces de muchos funcionarios del alto gobierno, y me enternecía comprobar que la mayoría no iba para hacer el amor sino para hablarles de sí mismos a sus compañeras de ocasión. Como yo era periodista mi horario de vida era el mismo de las putas, todos nos levantábamos al mediodía y nos reuníamos a desayunar juntos.»

Fue por aquella época cuando se encontró un trabajo como vendedor de enciclopedias y libros de medicina en los pueblos de la Goajira, la península de arenales ardientes de sus antepasados maternos. No vendía nada, pero en las noches de soledad y mucho calor, alojado en hoteles de camioneros y viajantes de comercio, su compañía más fiel era una dama inglesa que adoraba en secreto: Virginia Woolf.

Hoy él asegura que La señora Dalloway *le*

dio las pistas para escribir su primera novela.
De manera consciente, así debió ser. Pero, en
realidad, no sólo la aristocrática y al parecer
virginal señora Woolf estaba a su lado, cuando
se sentó a la máquina para escribir La hojarasca. También estaban los otros autores que habían contribuido a su formación literaria: los libros de Salgari y Julio Verne con los que había
engañado la soledad del internado; los poetas,
sus amados poetas, leídos en los tranvías de vidrios azules que rodaban lentos en las abruma-
doras tardes del domingo bogotano; Kafka y los
novelistas rusos y franceses descubiertos en su
pensión de estudiante; los griegos estudiados
en Cartagena, a treinta grados a la sombra; los
norteamericanos e ingleses que sus amigos de
Barranquilla le revelaban entre dos botellas de
cerveza, en bares y burdeles.

Así pues, cuando regresó de aquel viaje rea-
lizado con su madre a Aracataca, no sólo tenía
algo que decir; a fuerza de convivir con tantos
autores, a lo largo de una adolescencia y de una
primera juventud de soledad y búsqueda, sabía
también cómo decirlo.

Lecturas e influencias

—Te advierto que los libros me gustan no porque necesariamente los crea mejores, sino por razones diversas no siempre fáciles de explicar.

—Mencionas siempre a *Edipo rey* de Sófocles.

—A *Edipo rey, Amadís de Gaula* y el *Lazarillo de Tormes*, el *Diario de la peste*, de Daniel Defoe, *El primer viaje en torno al globo*, de Pigaffeta.

—Y también a *Tarzán de los monos*.

—De Burroughs, sí.

—¿Y los autores que relees de manera más constante?

—Conrad, Saint-Exupéry...

—¿Por qué Conrad y Saint-Exupéry?

—La única razón por la cual uno vuelve a leer un autor, es porque le gusta. Ahora bien: lo que más me gusta de Conrad y Saint-Exupéry es lo único que ellos tienen en común: una manera de abordar la realidad de un modo sesgado, que la hace parecer poética, aun en instantes en que podría ser vulgar.

—¿Tolstoi?

—Nunca guardo nada de él, pero sigo creyendo que la mejor novela que se ha escrito es *La guerra y la paz.*

—Ninguno de los críticos ha descubierto, sin embargo, huella de esos autores en tus libros.

—En realidad, siempre he procurado no parecerme a nadie. En vez de imitar, trato siempre de eludir a los autores que más me gustan.

—Sin embargo, los críticos han visto siempre en tu obra la sombra de Faulkner.

—Cierto. Y tanto insistieron en la influencia de Faulkner, que durante un tiempo llegaron a convencerme. Eso no me molesta, porque Faulkner es uno de los grandes novelistas de todos los tiempos. Pero creo que los críticos establecen las influencias de una manera que no llego a comprender. En el caso de Faulkner, las analogías son más geográficas que literarias. Las descubrí mucho después de haber escrito mis primeras novelas, viajando por el sur de los Estados Unidos. Los pueblos ardientes y llenos de polvo, las gentes sin esperanza que encontré en aquel viaje se parecían mucho a los que yo evocaba en mis cuentos. Quizás no se trataba de una semejanza casual, porque Aracataca, el pueblo donde yo viví cuando niño, fue construido en buena parte por una compañía norteamericana, la United Fruit.

—Uno diría que las analogías van más lejos. Hay un parentesco, una cierta línea de filiación entre el coronel Sartoris y tu coronel Aureliano Buendía, entre Macondo y el condado de Yoknapatawpha. Hay algunas mujeres de carácter férreo y quizás algunos adjetivos que llevan la marca de fábrica... Al esquivar a Faulkner como influencia determinante, ¿no estarás cometiendo un parricidio?

—Quizás. Por eso he dicho que mi problema no fue imitar a Faulkner, sino destruirlo. Su influencia me tenía jodido.

—Con Virginia Woolf ocurre exactamente lo opuesto: nadie, salvo tú, habla de esa influencia. ¿Dónde está?

—Yo sería un autor distinto del que soy si a los veinte años no hubiese leído esta frase de *La señora Dalloway:* «Pero no había duda de que dentro (del coche) se sentaba algo grande: grandeza que pasaba, escondida, al alcance de las manos vulgares que por primera y última vez se encontraban tan cerca de la majestad de Inglaterra, el perdurable símbolo del Estado que los acuciosos arqueólogos habían de identificar en las excavaciones de las ruinas del tiempo, cuando Londres no fuera más que un camino cubierto de hierbas, y cuando las gentes que andaban por sus calles en aquella mañana de miércoles fueran apenas un montón de huesos con algunos anillos matrimoniales, revueltos con su propio polvo y con las emplomaduras de innumerables dientes cariados.» Recuerdo haber leído esta frase mientras espantaba mosquitos y deliraba de calor en un cuartucho de hotel, por la época en que vendía enciclopedias y libros de medicina en la Goajira colombiana.

—¿Por qué tuvo tanto efecto sobre ti?

—Porque transformó por completo mi sentido del tiempo. Quizás me permitió vislumbrar en un instante todo el proceso de descomposición de Macondo, y su destino final. Me pregunto, además, si no sería el origen remoto de *El otoño del patriarca*, que es un libro sobre el enigma humano del poder, sobre su soledad y su miseria.

—La lista de influencias debe ser más amplia. ¿A quiénes hemos omitido?

—A Sófocles, a Rimbaud, a Kafka, a la poesía española del Siglo de Oro y a la música de cámara desde Schumann hasta Bartok.

—¿Debemos añadir algo de Greene y algunas gotas de Hemingway? Cuando eras joven te veía leyéndolos con mucha atención. Hay un cuento tuyo, *La siesta del martes* (el mejor que has escrito, dices tú) que le debe mucho a *Un canario como regalo*, de Heminway.

—Graham Greene y Hemingway me aportaron enseñanzas de carácter puramente técnico.

Son valores de superficie, que siempre he reconocido. Pero para mí una influencia real e importante es la de un autor cuya lectura le afecta a uno en profundidad hasta el punto de modificar ciertas nociones que uno tenga del mundo y la vida.

—Volviendo a las influencias profundas. O mejor, secretas. ¿La poesía? Quizás cuando eras muchacho querías ser poeta, y esto nunca lo confesarás... Aunque sí has reconocido que tu formación fue esencialmente poética.

—Sí, yo empecé a interesarme por la literatura a través de la poesía. De la mala poesía. Poesía popular, de esa que se publica en almanaques y hojas sueltas. En los textos de castellano del bachillerato, descubrí que me gustaba la poesía tanto como detestaba la gramática. Me encantaban los románticos españoles: Núñez de Arce, Espronceda.

—¿Dónde los leías?

—En Zipaquirá, que, como sabes, es el mismo pueblo lúgubre, a mil kilómetros del mar, donde Aureliano Segundo fue a buscar a Fernanda del Carpio. Allí, en el liceo donde estaba interno, empezó mi formación literaria, leyendo por una parte mala poesía y por otra libros marxistas que me prestaba a escondidas mi profesor de historia. Los domingos no tenía nada que hacer, y para no aburrirme, me metía en la biblioteca del colegio. Empecé, pues, con la mala poesía antes de descubrir la buena. Rimbaud, Valéry...

—Neruda...

—Neruda, desde luego, a quien considero como el gran poeta del siglo XX en todos los idiomas. Inclusive cuando se metía en callejones difíciles —su poesía política, su poesía de guerra—, había siempre en su poesía una gran calidad. Neruda, lo he dicho otras veces, era una especie de rey Midas, todo lo que tocaba lo convertía en poesía.

—¿Cuándo empezaste a interesarte en la novela?

—Más tarde. Cuando estaba en la universidad, en primer año de Derecho (debía tener unos diecinueve años) y leí *La metamorfosis*. Ya hablamos de aquella revelación. Recuerdo la primera frase: «Al despertar Gregorio Samsa una mañana, tras un sueño intranquilo, encontróse en la cama convertido en un enorme insecto.» «Coño —pensé—, así hablaba mi abuela.» Fue entonces cuando la novela empezó a interesarme. Cuando decidí leer todas las novelas importantes que se hubiesen escrito desde el comienzo de la humanidad.

—¿Todas?

—Todas, empezando por la Biblia, que es un libro cojonudo donde pasan cosas fantásticas. Dejé todo, inclusive mi carrera de Derecho, y me dediqué solamente a leer novelas. A leer novelas y a escribir.

—¿En cuál de tus libros crees que se observa más tu formación poética?

—Quizás en *El otoño del patriarca*.

—Que tú has definido como un poema en prosa.

—Que yo trabajé como si fuese un poema en prosa. ¿Te has dado cuenta de que allí hay versos enteros de Rubén Darío? *El otoño del patriarca* está lleno de guiños a los conocedores de Rubén Darío. Inclusive él es un personaje del libro. Y hay un verso suyo, citado al descuido; un poema suyo, en prosa, que dice: «Había una cifra en tu blanco pañuelo, roja cifra de un nombre que no era el tuyo, mi dueño.»

—Además de novela y de poesía, ¿qué lees?

—Muchos libros que no se distinguen por su importancia literaria sino documental: memorias de personajes célebres, aunque sean mentiras. Biografías y reportajes.

—Hagamos otra lista. Te gustó mucho, recuerdo, aquella biografía del Cordobés, de Dominique Lapierre y Larry Collins, *O llevarás luto por mí. Chacal*. Inclusive *Papillon*...

—Que es un libro apasionante sin ningún valor literario. Debió ser reescrito por un buen escritor a quien le interesaba dar la sensación de que el libro es de un principiante.

—Hablemos de influencias extraliterarias. Influencias que han sido decisivas en tu obra. Tu abuela, por ejemplo.

—Como ya te lo dije, era una mujer imaginativa y supersticiosa, que me aterrorizaba noche a noche con sus historias de ultratumba.

—¿Y tu abuelo?

—Cuando yo tenía ocho años, me relató los episodios de todas las guerras en que había participado. En los más importantes personajes masculinos de mis libros hay mucho de él.

—Supongo que tus abuelos son representantes de una influencia más vasta y profunda. Me refiero a la región de la costa colombiana del Caribe donde tú naciste. Evidentemente existe allí una soberbia tradición del relato oral, que está presente inclusive en las canciones, los *vallenatos*. Siempre cuentan una historia. En realidad, todo el mundo sabe allí narrar historias. Tu madre, por ejemplo. Doña Luisa. Recuerdo haberle oído hablar de una comadre suya, que paseaba todas las noches por el patio de la casa, peinándose. Naturalmente había muerto diez años atrás... Pero seguía paseándose por el patio. ¿De dónde sale esta capacidad de narrar cosas tan extraordinarias, tan... mágicas?

—Mis abuelos eran descendientes de gallegos, y muchas de las cosas sobrenaturales que me contaban provenían de Galicia. Pero creo que ese gusto por lo sobrenatural propio de los gallegos es también una herencia africana. La costa caribe de Colombia, donde yo nací, es con el Brasil la región de América Latina donde se siente más la influencia de Africa. En ese sentido, el viaje que hice por Angola en 1978 es una de las experiencias más fascinantes que he tenido. Yo creo que partió mi vida por la mitad. Yo esperaba encontrarme en un mundo extraño, totalmente extraño, y desde el momento en que puse los pies allí, desde el momento mismo en que olí el aire, me encontré de pronto en el mundo de mi infancia. Sí, me encontré toda mi infancia, costumbres y cosas que yo había olvidado. Volví a tener, inclusive, las pesadillas que tenía en la niñez.

»En América Latina se nos ha enseñado que somos españoles. Es cierto, en parte, porque el elemento español forma parte de nuestra propia personalidad cultural y no puede negarse. Pero en aquel viaje a Angola descubrí que también éramos africanos. O mejor, que éramos mestizos. Que nuestra cultura era mestiza, se enriquecía con diversos aportes. Nunca, hasta entonces, había tenido conciencia de ello.

»En la región donde nací hay formas culturales de raíces africanas muy distintas a las de las zonas del altiplano, donde se manifestaron culturas indígenas. En el Caribe, al que pertenezco, se mezcló la imaginación desbordada de los esclavos negros africanos con la de los nativos precolombinos y luego con la fantasía de los andaluces y el culto de los gallegos por lo sobrenatural. Esa aptitud para mirar la realidad de cierta manera mágica es propia del Caribe y también del Brasil. De allí han surgido una literatura, una música y una pintura como las de Wilfredo Lam, que son expresión estética de esta región del mundo.

—En suma, la influencia más fuerte que has recibido, más fuerte que cualquiera otra adquirida en tu formación literaria, es la que proviene de tu identidad cultural y geográfica. La del Caribe. Es tu mundo, y el mundo que expresas. ¿Cómo se traduce esa influencia en tus libros?

—Yo creo que el Caribe me enseñó a ver la realidad de otra manera, a aceptar los elementos sobrenaturales como algo que forma parte de nuestra vida cotidiana. El Caribe es un mundo distinto cuya primera obra de literatura mágica es el *Diario de Cristóbal Colón*, libro que habla de plantas fabulosas y de mundos mitológicos. Sí, la historia del Caribe está llena de magia, una magia traída por los esclavos negros de Africa, pero también por los piratas suecos, holandeses e ingleses, que eran capaces de montar un teatro de ópera en Nueva Orleans y llenar de diamantes las dentaduras de las mujeres. La síntesis humana y los contrastes que hay en el Caribe no se ven en otro lugar del mundo. Conozco todas sus islas: mulatas color de miel, con ojos verdes y pañoletas doradas en la cabeza; chinos cruzados de indios que lavan ropa y venden amuletos; hindúes verdes que salen de sus tiendas de marfiles para cagarse en la mitad de la calle; pueblos polvorientos y ardientes cuyas casas las desbaratan los ciclones, y por otro lado rascacielos de vidrios solares y un mar de siete colores. Bueno, si empiezo a hablar del Caribe no hay manera de parar. No sólo es el mundo que me enseñó a escribir, sino también la única región donde yo no me siento extranjero.

La obra

—¿Lo crees realmente?

—Sí, lo creo: en general, un escritor no escribe sino un solo libro, aunque ese libro aparezca en muchos tomos con títulos diversos. Es el caso de Balzac, de Conrad, de Melville, de Kafka y desde luego de Faulkner. A veces uno de estos libros se destaca sobre los otros tanto que el autor aparece como autor de una obra, o de una obra primordial. ¿Quién recuerda los relatos cortos de Cervantes? ¿Quién recuerda, por ejemplo, a *El licenciado Vidriera*, que todavía se lee con tanto gusto como cualquiera de sus mejores páginas. En América Latina, Rómulo Gallegos se conoce por *Doña Bárbara*, que no es su mejor obra. Y Asturias por *El señor Presidente*, pésima novela, muy inferior a *Leyendas de Guatemala*.

—Si cada escritor no hace sino escribir toda su vida un solo libro, ¿cuál sería el tuyo? ¿El libro de Macondo?

—Tú sabes que no es así. Sólo dos de mis novelas, *La hojarasca* y *Cien años de soledad*, y algunos cuentos publicados en *Los funerales de la Mamá Grande* ocurren en Macondo. Las otras, *El coronel no tiene quien le escriba*, *La mala hora* y *Crónica de una muerte anunciada* tienen por escenario otro pueblo de la costa colombiana.

—Un pueblo sin tren ni olor a banano.

—...pero con un río. Un pueblo al que sólo se llega por lancha.

—Si no es el libro de Macondo, ¿cuál sería ese libro único tuyo?

—El libro de la soledad. Fíjate bien, el personaje central de *La hojarasca* es un hombre que vive y muere en la más absoluta soledad. También está la soledad en el personaje de *El coronel no tiene quien le escriba*. El coronel, con su mujer y su gallo esperando cada viernes una pensión que nunca llega. Y está en el alcalde de *La mala hora*, que no logra ganarse la confianza del pueblo y experimenta, a su manera, la soledad del poder.

—Como Aureliano Buendía y el Patriarca.

—Exactamente. La soledad es el tema de *El otoño del patriarca* y obviamente de *Cien años de soledad*.

—Si la soledad es el tema de todos tus libros, ¿dónde habría que buscar la raíz de este sentimiento dominante? ¿Quizás en tu niñez?

78

—Creo que es un problema de todo el mundo. Cada quien tiene su modo y su medio de expresarlo. Muchos escritores, algunos sin darse cuenta, no hacen otra cosa que expresarlo en su obra. Yo entre ellos. ¿Tú no?

—También, sí. Tu primer libro, *La hojarasca*, contiene ya la semilla de *Cien años de soledad*. ¿Cómo juzgas hoy al muchacho que escribió aquel libro?

—Con un poco de compasión, porque lo escribió con prisa, pensando que no iba a escribir más en la vida, que aquélla era su única oportunidad, y entonces trataba de meter en aquel libro todo lo aprendido hasta entonces. En especial, recursos y trucos literarios tomados de los novelistas norteamericanos e ingleses que estaba leyendo.

—Virginia Woolf, Joyce; Faulkner, sin duda. Por cierto, la técnica de *La hojarasca* se parece mucho a la de *Mientras yo agonizo* de Faulkner.

—No es exactamente la misma. Yo utilizo tres puntos de vista perfectamente identificables, sin ponerles nombres: el de un viejo, un niño y una mujer. Si te fijas bien, *La hojarasca* tiene la misma técnica y el mismo tema (puntos de vista alrededor de un muerto) de *El otoño del patriarca*. Sólo que en *La hojarasca* yo no me atrevía a soltarme, los monólogos están rigurosamente sistematizados. En *El otoño del patriarca*, en cambio, los monólogos son múltiples, a veces dentro de una misma frase. Ya en este libro soy capaz de volar solo y de hacer lo que me da la gana.

—Volvamos al muchacho que escribió *La hojarasca*. Tenías veinte años.

—Veintidós.

—Veintidós años, vivías en Barranquilla y escribiste la novela, si no recuerdo mal, trabajando después de que todo el mundo se había ido, muy tarde en la noche, en la sala de redacción de un periódico.

—De *El Heraldo*.

—Sí, yo conocí aquella sala de redacción: luces de neón, ventiladores de aspas; mucho calor, siempre. Fuera había una calle llena de bares de mala muerte. La calle del Crimen, ¿no la llaman así todavía?

—La calle del Crimen, claro. Yo vivía allí, en hoteles de paso que son los mismos hoteles de las putas. El cuarto costaba un peso con cincuenta por noche. A mí me pagaban en *El Heraldo* tres pesos por columna, y a veces tres más por el editorial. Cuando yo no tenía el peso con cincuenta para pagar el cuarto, le dejaba en depósito al portero del hotel los originales de *La hojarasca*. El sabía que eran para mí papeles muy importantes. Mucho tiempo después, cuando yo había escrito ya *Cien años de soledad*, entre las gentes que se acercaban a saludarme o a pedirme autógrafos, yo descubrí al portero aquel. Se acordaba de todo.

—Tuviste dificultades para editar *La hojarasca*.

—Pasaron cinco años antes de encontrarle editor. La mandé a Editorial Losada (en Argentina) y me la devolvieron con una carta del crítico español Guillermo de Torre en la que me aconsejaba dedicarme a otra cosa, pero me reconocía algo que ahora me llena de satisfacción: un apreciable sentido poético.

—Creo haberte oído decir que algo similar te ocurrió en Francia. Si no me equivoco, ¿fue con Roger Caillois?

—*El coronel...* fue ofrecido a Gallimard, mucho tiempo antes de *Cien años...* Hubo dos lectores: Juan Goytisolo y Roger Caillois. El primero, que todavía no era el buen amigo mío que es hoy, hizo una excelente nota de lectura. Caillois, en cambio, rechazó el libro de plano. Tuve que escribir *Cien años...* para que Gallimard volviera a interesarse en un libro mío. Pero ya mi agente tenía otros compromisos en Francia.

—Después de *La hojarasca* y antes de *Cien años de soledad* (*El coronel no tiene quien le escriba, La mala hora* y *Los funerales de la Mamá Grande*) se vuelven de pronto realistas, sobrios, muy rigurosos en su lenguaje y su construcción, y sin ninguna magia ni desmesura. ¿Cómo se explica este cambio?

—Cuando yo escribí *La hojarasca* tenía ya la convicción de que toda buena novela debía

81

ser una transposición poética de la realidad. Pero aquel libro, como recuerdas, apareció en momentos en que Colombia vivía una época de persecuciones políticas sangrientas, y mis amigos militantes me crearon un terrible complejo de culpa. «Es una novela que no denuncia, que no desenmascara nada», me dijeron. El concepto lo veo hoy muy simplista y equivocado, pero en aquel momento me llevó a pensar que yo debía ocuparme de la realidad inmediata del país, apartándome un poco de mis ideas literarias iniciales, que por fortuna acabé por recuperar. Corrí entretanto un serio riesgo de romperme la crisma.

»*El coronel no tiene quien le escriba, La mala hora* y muchos cuentos de *Los funerales de la Mamá Grande* son libros inspirados en la realidad de Colombia, y su estructura racionalista está determinada por la naturaleza del tema. No me arrepiento de haberlos escrito, pero constituyen un tipo de literatura premeditada, que ofrece una visión un tanto estática y excluyente de la realidad. Por buenos o malos que parezcan, son libros que acaban en la última página. Son más estrechos de lo que yo me creo capaz de hacer.

—¿Qué te hizo cambiar de rumbo?

—La reflexión sobre mi propio trabajo. Una larga reflexión, para comprender al fin que mi compromiso no era con la realidad política y social de mi país, sino con toda la realidad de este mundo y del otro, sin preterir ni menospreciar ninguno de sus aspectos.

—Esto significa que has impugnado, a través de tu propia experiencia, la famosa literatura comprometida, que tantos estragos ha causado en América Latina.

—Como tú sabes muy bien, en mis opciones políticas personales soy un hombre comprometido, políticamente comprometido.

—Con el socialismo...

—Quiero que el mundo sea socialista, y creo que tarde o temprano lo será. Pero tengo muchas reservas sobre lo que entre nosotros se dio en llamar literatura comprometida, o más exactamente la novela social, que es el punto culminante de esta literatura, porque me parece que su visión limitada del mundo y de la vida no ha servido, políticamente hablando, de nada. Lejos de apresurar un proceso de toma de conciencia, lo demora. Los latinoamericanos esperan de una novela algo más que la revelación de opresiones e injusticias que conocen de sobra. Muchos amigos militantes que se sienten con frecuencia obligados a dictar normas a los escritores sobre lo que se debe o no se debe escribir, asumen, quizás sin darse cuenta, una posición reaccionaria en la medida en que están imponiéndole restricciones a la libertad de creación. Pienso que una novela de amor es tan válida como cualquier otra. En realidad, el deber de un escritor, y el deber revolucionario, si se quiere, es el de escribir bien.

—Liberado del compromiso con una realidad política inmediata, ¿cómo llegaste a encontrar ese otro tratamiento, llamémoslo mítico de la realidad, que te permitió escribir *Cien años de soledad*?

—Quizás, como te lo dije ya, la pista me la dieron los relatos de mi abuela. Para ella los mitos, las leyendas, las creencias de la gente, formaban parte, y de manera muy natural, de su vida cotidiana. Pensando en ella, me di cuenta de pronto que no estaba inventando nada, sino simplemente captando y refiriendo un mundo de presagios, de terapias, de premoniciones, de supersticiones, si tú quieres, que era muy nuestro, muy latinoamericano. Recuerda, por ejemplo, aquellos hombres que en nuestro país consiguen sacarle de la oreja los gusanos a una vaca rezándole oraciones. Toda nuestra vida diaria, en América Latina, está llena de casos como éste.

»De modo que el hallazgo que me permitió escribir *Cien años de soledad* fue simplemente el de una realidad, la nuestra, observada sin las limitaciones que racionalistas y estalinistas de todos los tiempos han tratado de imponerle para que les cueste menos trabajo entenderla.

—Y la desmesura, la desmesura que aparece en *Cien años de soledad*, en *El otoño del patriarca* y en tus últimos cuentos, estaría tam-

bién en la realidad o es una fabricación literaria?

—No, la desmesura forma parte también de
nuestra realidad. Nuestra realidad es desmesurada y con frecuencia nos plantea a los escritores problemas muy serios, que es el de la insuficiencia de las palabras. Cuando hablamos de un
río. lo más grande que puede imaginar un lector europeo es el Danubio, que tiene 2.790 kilómetros de largo. ¿Cómo podría imaginarse el
Amazonas, que en ciertos puntos es tan ancho
que desde una orilla no se divisa la otra? La
palabra tempestad sugiere una cosa al lector europeo y otra a nosotros, y lo mismo ocurre con
la palabra lluvia, que nada tiene que ver con
los diluvios torrenciales del trópico. Los ríos de
aguas hirvientes y las tormentas que hacen es-
tremecer la tierra, y los ciclones que se llevan
las casas por los aires, no son cosas inventadas,
sino dimensiones de la naturaleza que existen en
nuestro mundo.

—Bien, descubriste los mitos, la magia, la
desmesura, todo ello tomado de nuestra realidad. ¿Y el lenguaje? En *Cien años de soledad* el lenguaje tiene un brillo, una riqueza y
una profusión que no está en tus libros anteriores, con excepción del cuento de *Los funerales de la Mamá Grande*.

—Puedo resultar presuntuoso, pero en realidad yo dominaba este lenguaje desde mucho

antes, quizás desde que empecé a escribir. Lo que ocurre es que no lo había necesitado.

—¿Crees realmente que un escritor puede cambiar de un libro a otro de lenguaje como una persona puede cambiar de un día a otro de camisa? ¿No piensas que el lenguaje forma parte de la identidad de un escritor?

—No, yo creo que la técnica y el lenguaje son instrumentos determinados por el tema de un libro. El lenguaje utilizado en *El coronel no tiene quien le escriba*, en *La mala hora* y en varios de los cuentos de *Los funerales de la Mamá Grande* es conciso, sobrio, dominado por una preocupación de eficacia, tomada del periodismo. En *Cien años de soledad* necesitaba un lenguaje más rico para darle entrada a esa otra realidad, que hemos convenido en llamar mítica o mágica.

—¿Y en *El otoño del patriarca?*

—Tuve también necesidad de buscar otro lenguaje, desembarazándome del de *Cien años de soledad.*

—*El otoño del patriarca* es un poema en prosa. ¿Está influido por tu formación poética?

—No, esencialmente por la música. Nunca escuché tanta música como cuando estaba escribiéndolo.

—¿Qué música, preferencialmente?

—En este caso concreto, Bela Bartok, y toda

la música popular del Caribe. La mezcla tenía que ser, sin remedio, explosiva.

—Has dicho también que hay en ese libro muchas alusiones o giros que corresponden al lenguaje popular.

—Es cierto. Desde el punto de vista del lenguaje, *El otoño del patriarca* es de todas mis novelas la más popular, la que está más cerca de temas, frases, canciones y refranes del área del Caribe. Hay allí frases que sólo podrían entender los chóferes de Barranquilla.

—¿Cómo miras tu obra, retrospectivamente? Tus primeros libros, por ejemplo.

—Te lo dije ya: con una ternura un tanto paternal. Como uno recuerda a los hijos que ahora han crecido y se alejan de la casa. Veo a esos primeros libros remotos y desamparados. Recuerdo todos los problemas que le planteaban al muchacho que los escribió.

—Problemas que hoy resolverías muy fácilmente.

—Sí, problemas que hoy no serían problemas.

—¿Existe un hilo entre esos primeros libros y los que luego te harían conocer mundialmente?

—Existe, y yo siento la necesidad de saber que está dentro y aun de vigilarlo.

—¿Cuál es de toda tu obra el libro más importante?

—Literariamente hablando, el trabajo más

importante, el que puede salvarme del olvido, es *El otoño del patriarca.*

—Has dicho también que es el que te hizo más feliz escribiéndolo. ¿Por qué?

—Porque es el libro que desde siempre quise escribir, y además aquel en que he llevado más lejos mis confesiones personales.

—Debidamente codificadas, claro.

—Claro.

—Fue el libro que te llevó más tiempo escribir.

—Diecisiete años, en total. Y dos versiones abandonadas, antes de encontrar la que era justa.

—¿Es entonces tu mejor libro?

—Antes de escribir *Crónica de una muerte anunciada* sostuve que mi mejor novela era *El coronel no tiene quien le escriba.* La escribí nueve veces y me parecía la más invulnerable de mis obras.

—Pero ¿consideras aún mejor *Crónica de una muerte anunciada?*

—Sí.

—¿En qué sentido lo dices?

—En el sentido de que logré con ella hacer exactamente lo que quería. Nunca me había ocurrido antes. En otros libros el tema me ha llevado, los personajes han tomado a veces vida propia y hecho lo que les da la gana.

—Es una de las cosas más extraordinarias de la creación literaria...

—Pero yo necesitaba escribir un libro sobre el cual pudiera ejercer un control riguroso, y creo haberlo logrado con *Crónica de una muerte anunciada*. El tema tiene la estructura precisa de una novela policíaca.

—Es curioso: nunca mencionas entre tus mejores libros *Cien años de soledad*, libro que muchos críticos consideran insuperable. ¿Tanto rencor le tienes realmente?

—Se lo tengo, sí. Estuvo a punto de desbaratarme la vida. Después de publicado, nada fue igual que antes.

—¿Por qué?

—Porque la fama perturba el sentido de la realidad, tal vez casi tanto como el poder, y además es una amenaza constante a la vida privada. Por desgracia, esto no lo cree nadie mientras no lo padece.

—Quizás el éxito logrado con él no te parece justo respecto del resto de tu obra.

—No lo es. Como te decía hace un momento, *El otoño del patriarca* es un trabajo literario más importante. Pero habla de la soledad del poder y no de la soledad de la vida cotidiana. Lo que en *Cien años de soledad* se cuenta se parece a la vida de todo el mundo. Está escrito además de una manera simple, fluida, lineal, y yo diría (y lo he dicho ya) que superficial.

—Pareces despreciarlo.

—No, pero el hecho de saber que está escrito con todos los trucos de la vida y todos los trucos del oficio, me hizo pensar desde antes de escribirlo que podría superarlo.

—Derrotarlo.

—Derrotarlo sí.

La espera

Aquel primer libro lo escribió de un jalón,
con un silencioso frenesí, trabajando noche
tras noche en la desierta redacción de El Heraldo de Barranquilla, a la hora en que ca-
llaban los linotipos y en la planta baja se oía
el quejumbroso jadear de una rotativa. Sobre
los escritorios vacíos, giraban, inútiles para apa-
ciguar el calor, las aspas de los ventiladores.
Lejos, las cantinas de la calle del Crimen en-
viaban su música de arrabal. Era muy tarde,
casi el amanecer, cuando se levantaba de la
máquina de escribir, agotado, pero todavía sin
sueño, y con personajes y recuerdos de Macondo girando en su cabeza. Ponía en una fun-
da de cuero las cuartillas recién escritas, y salía. Fuera, se respiraba aquella tibia fragancia
de marismas, de frutas podridas, que es el olor
habitual de la ciudad. En la puerta de algún
bar, se tambaleaba un borracho. Con su manuscrito bajo el brazo, Gabriel cruzaba la pla-

za de San Nicolás, en aquella hora abandonada a pordioseros y desperdicios, rumbo al hotel de putas, en lo alto de las notarías, donde cada noche, por un peso con cincuenta centavos, lo aguardaba un cuarto distinto, que siempre contenía sólo un catre entre cuatro tabiques de cartón.

En esta atmósfera nació su primera novela. Libro intenso, que contiene ya toda la desolación de Macondo y la añoranza de sus tiempos pasados, La hojarasca habría podido, con todo derecho, darle a conocer en América Latina. Pero no ocurrió así. El reconocimiento, la fama o como quiera llamarse la gratificación a que todo escritor tiene derecho después de haber escrito un buen libro, o cuatro buenos libros, como fue su caso, le llegó sólo muchos años más tarde, cuando sorpresivamente para él, el quinto de sus libros, Cien años de soledad, empezó a venderse, primero en Buenos Aires, luego en América Latina y por fin en el mundo, como salchichas calientes.

La espera entretanto fue dura, paciente, asumida quizás con cierto desdén, pero secretamente asediada de incertidumbre y desde luego de problemas.

La hojarasca tardó cinco años en ser publicada. Los pocos editores a quienes el libro fue ofrecido no mostraron ningún interés por él. Lector de la Editorial Losada, el crítico español Guillermo de Torre la rechazó en Buenos

Aires con una nota desabrida: fuera de cierto clima poético, no le reconocía a la novela validez alguna. Inclusive se permitía recomendar piadosamente a su autor que se dedicara a otro oficio. Gabriel, *que entonces trabajaba como reportero del diario* El Espectador *de Bogotá, acabó editando* La hojarasca *por su propia cuenta, ayudado por algunos amigos, en una modesta imprenta de Bogotá.*

El libro, es cierto, tuvo una buena crítica local, pero su repercusión fue menor que la obtenida por los reportajes que Gabriel escribía en El Espectador. *La odisea vivida por un náufrago o la vida de un campeón ciclista, referidas en sucesivas entregas, agotaban ediciones del diario.*

Cuando El Espectador *le envió como corresponsal a Europa, Gabriel era un periodista muy conocido en su país, pero todavía seguía siendo un escritor clandestino. Para la dueña del hotel de Flandre, de la rue Cujas, donde llegó aquel invierno de 1955, Gabriel sería entonces y sigue siéndolo todavía, cuando lo ve fotografiado en los diarios,* le journaliste du septième étage.

Yo lo encontré por aquella época. Como lo he escrito alguna vez, entonces era un Piscis desamparado (hoy su sólido ascendiente Tauro ha asumido el control de su vida), guiado sólo por el radar de sus premoniciones. Flaco, con una cara de argelino que suscitaba la in-

mediata desconfianza de los policías y confundía a los propios argelinos (se detenían a veces para hablarle en árabe en pleno Boul Nich), fumaba tres cajetillas diarias de cigarrillos mientras intentaba abrirse paso, sin conocer el idioma, en aquel océano de piedras y brumas que era París. Era la época de la guerra de Argelia, la época de las primeras canciones de Brassens y de los enamorados que se besaban desesperadamente en los metros y en las puertas. Todavía, antes de Budapest, uno veía políticamente el mundo como una película del Oeste, con los buenos de un lado, el lado del socialismo, y los malos del otro.

Hemos vuelto recientemente a la buhardilla aquella donde vivía, en la rue Cujas. La ventana da a los tejados del barrio Latino; se oye todavía el reloj de la Sorbona dando la hora, pero ya no el pregón condolido de un vendedor de alcachofas que subía de la calle todas las mañanas. Con las rodillas pegadas al radiador de la calefacción y, clavado en la pared con un alfiler, el retrato de su novia Mercedes al alcance de la vista, Gabriel escribía todas las noches hasta el amanecer una novela que luego sería La mala hora. Recién empezada, debió interrumpirla: un personaje, el de un viejo coronel que aguarda inútilmente su pensión de veterano de la guerra civil, exigía su propio ámbito, un libro. Lo escribió. Escribió El co-

ronel no tiene quien le escriba *en parte para
despejarle el camino a* La mala hora *y en parte
también para exorcisar literariamente sus angustias cotidianas de entonces: también él, como su personaje, no sabía cómo iba a comer
al día siguiente y aguardaba siempre una carta, una carta con dinero que nunca llegaba.*

*Sus problemas económicos habían empeza-
do con una noticia de tres líneas aparecida en*
Le Monde, *que leímos al tiempo en un café de
la rue des Ecoles: Rojas Pinilla, el dictador
que entonces gobernaba a Colombia, había
clausurado* El Espectador, *el diario del cual
Gabriel era corresponsal en París. «No es grave», dijo éste. Pero sí lo era. Las cartas nunca
volvieron a traer cheques y un mes después
no tenía cómo pagar el hotel. Brassens seguía
cantando sus canciones y los jóvenes enamorados seguían besándose en los metros, pero
París ya no era el mismo de los primeros días,
sino la ciudad amarga y dura que tantos latinoamericanos han conocido, de cuartos glaciales
y pulóveres rotos, donde una comida caliente
y un rincón junto al fuego tienen algo de atre-
vido e inesperado esplendor.*

*La pobreza de Barranquilla tenía su lado
pintoresco y era en todo caso relativa: había
amigos por todos lados; el gobernador le enviaba su auto al hotel donde dormía, para
sorpresa del portero y de las putas. El Caribe
es humano. «Donde comen dos, comen tres»,*

se dice allí. París, en cambio, tiene un corazón duro para la miseria. Gabriel lo comprendió muy bien el día que debió pedir una moneda en el metro. Se la dieron. Pero el hombre que se la puso en la mano, con aire de malhumor, no quiso escuchar sus explicaciones.

Gabriel ha dicho alguna vez que de cada ciudad donde ha vivido guarda una imagen más durable que todas las otras. La de París es triste: «Había sido una noche muy larga, pues no tuve donde dormir, y me la pasé cabeceando en los escaños, calentándome en el vapor providencial de las parrillas del metro, eludiendo los policías que me cargaban a golpe porque me confundían con un argelino. De pronto, al amanecer, se acabó el olor de coliflores hervidas, el Sena se detuvo, y yo era el único ser viviente entre la niebla luminosa de un martes de otoño en una ciudad desocupada. Entonces ocurrió: cuando atravesaba el puente de Saint-Michel, sentí los pasos de un hombre, vislumbré entre la niebla la chaqueta oscura, las manos en los bolsillos, el cabello acabado de peinar, y en el instante en que nos cruzamos en el puente vi su rostro óseo y pálido por una fracción de segundo: iba llorando.»

Hijo de esta época es El coronel no tiene quien le escriba, su segundo libro. Tampoco éste le abrió ninguna puerta. Recuerdo haber tenido durante largo tiempo una copia del manuscrito, en hojas amarillas. Lo enseñé a perso-

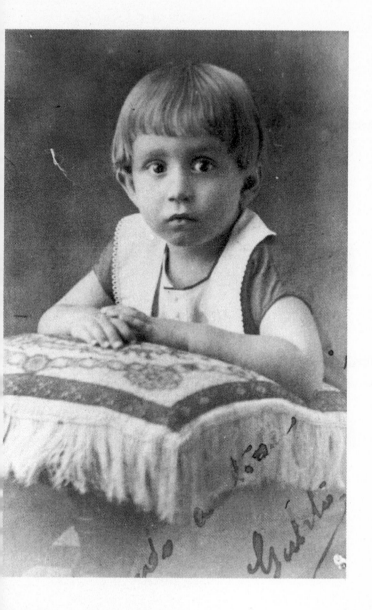

García Márquez, a la edad de dos años.

En 1942, en Barranquilla.

Nueva York, 1981 (© Eva Rubinstein - 1982).

Nueva York, 1981 (© Eva Rubinstein - 1982).

Con Plinio Apuleyo Mendoza en París, en 1981.

En Barcelona, escribiendo"El otoño del patriarca."(© R.
García Barcha - 1982).

En 1955, en Polonia.

García Márquez (de pie, en el medio) en París, 1956, en la boda de su amigo Jaime Vallecilla.

En la URSS, en 1957 (a la derecha, en la foto).

En Barcelona, con el escritor peruano Mario Vargas Llosa, Julio Cortázar y Carlos Barral, en 1970 (© César Malet - 1982).

Con el escritor checo Milan Kundera y Regis Debray, en París, en 1980.

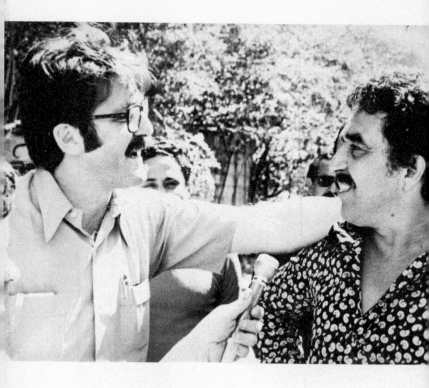

Con el venezolano Teodoro Petkoff, dirigente del MAS
(Movimiento al socialismo), en Caracas, en 1972.

Con Geraldine Chaplin y el director de cine chileno Miguel Littin, durante la filmación en México de "La viuda de Montiel.

Con Pablo Neruda, en Normandía.

Con el escritor brasileño Jorge Amado.

Con Fidel Castro, en 1978.

najes que habrían podido facilitar su publicación, pero éstos parecían no advertir sus calidades literarias.

Cuando, luego de años en París, trabajamos en Caracas como periodistas, Gabriel continuaba escribiendo de noche, en sus horas libres. Ahora eran los cuentos de Los funerales de la Mamá Grande. Nadie descubrió al buen escritor que era ya tras el reportero de revistas, llegado un poco al azar. Ciudad llena de inmigrantes, sin alma todavía tras sus edificios de vidrio y sus autopistas de concreto, donde el éxito se mide en millones de bolívares, Caracas no tiene tiempo para reconocer talentos que no vengan consagrados de antemano. Desmesurada y generosa con el García Márquez de hoy, ni siquiera se enteró de su existencia, cuando era allí un periodista flaco e inquieto de treinta años, que escribía excelentes reportajes y enviaba sin fortuna sus cuentos a concursos de los diarios.

La espera proseguiría luego en Bogotá. Continuaba escribiendo de noche (ahora era La mala hora), mientras dirigía conmigo la sucursal de la agencia de noticias Prensa Latina. El coronel no tiene quien le escriba fue publicado en una revista literaria, sin que sus directores pidieran previamente su autorización o le pagaran derecho alguno: pensaban, de buena fe, que era un reconocimiento generoso publicar un manuscrito desdeñado por los edi-

tores. La crítica local fue desde luego favorable con El coronel no tiene quien le escriba *como lo sería luego con* La mala hora, *novela que ganó un premio nacional auspiciado por la empresa petrolera Esso Colombiana.*

Pero se trataba, en fin de cuentas, de éxitos modestos. Los tirajes eran escasos, los derechos de autor ínfimos, y la difusión de aquellos libros, puramente local. Nadie conocía a García Márquez fuera de Colombia. Inclusive dentro del país, con excepción de sus amigos cercanos, se le apreciaba como exponente valioso de una literatura regional, pero no todavía como un escritor de gran talla. La élite de Bogotá, que tiende a juzgar a la gente por los apellidos y la ropa que lleva, no pasaba todavía por alto su origen provinciano, costeño; sus pelos abruptos, sus calcetines rojos y quizás su incapacidad para distinguir los cubiertos del pescado de los cubiertos del postre.

Se ha dicho con razón que los burgueses latinoamericanos confunden el verbo ser con el verbo tener. Sus valores son de representación. El día que Gabriel pudo alojarse en los mismos hoteles y comer langosta en sus mismos restaurantes y conocer tan bien o mejor que ellos la temperatura adecuada de los vinos, la gama de los quesos y los lugares y espectáculos de interés en Nueva York, París o Londres, le abrieron sus puertas, halagados de que se dignara beberse un whisky con ellos, pasando ahora por alto todo, inclusive las viejas ideas de izquierda del autor de Cien años de soledad *y sus simpatías por* Fidel Castro.

Pero no entonces. No todavía. Pese a los libros publicados (con Los funerales de la Mamá Grande, *editado por la Universidad de Veracruz, en México, ya eran cuatro), la espera habría de prolongarse unos cuantos años más. Enviado a Nueva York como corresponsal de Prensa Latina, por el director de la agencia, Jorge Ricardo Masetti, Gabriel continuaba trabajando de día como reportero y de noche escribiendo en su hotel. Aquéllas eran épocas difíciles en todo sentido. Exiliados cubanos de Nueva York le amenazaban por teléfono; le recordaban a veces que tenía una esposa y un niño, que algo podía ocurrirles a éstos. En previsión de cualquier ataque, Gabriel trabajaba con una varilla de hierro al alcance de la mano. Dentro de Cuba, por otra parte, se vivía lo que se conocería luego como «el año del sectarismo». Miembros del viejo Partido Comunista copaban puestos claves en los organismos del Estado. Prensa Latina les interesaba sobremanera. Jorge Ricardo Masetti, un argentino joven, lúcido, de extraordinarias calidades humanas, les hacía frente. Cuando cayó como director de la agencia, todos los que compartíamos entonces su fervor revolucionario y su rechazo al sectarismo comunista, re-*

nunciamos a nuestros cargos. Gabriel fue uno de ellos.

(Para mí aquel episodio indicaba un viraje inquietante en el rumbo de la revolución cubana. Para Gabriel, no; lo vio, creo, como un accidente de camino, que no entibió sus simpatías por el gobierno cubano, aunque éstas no hayan tenido, ni tengan hoy, un carácter de ortodoxia incondicional.)

Luego de su renuncia, quedó en Nueva York sin empleo y sin pasaje de regreso. Absurdamente —pero estos absurdos tienen en él su lógica oculta, puramente intuitiva— decidió irse a México con su mujer y su hijo. En autobús y con cien dólares por todo capital.

El día que en México obtuvo su primer empleo, como redactor en una revista femenina, tenía desprendida la suela del zapato. El propietario de la publicación, que era también un conocido productor de cine, le dio cita en un bar. Debió llegar antes que él e irse después, para que no notara aquel zapato descosido. Estaba, después de tantos años, en la misma situación de cuando se sentó a escribir su primer libro.

No recuerdo si fue durante un viaje mío a México, o durante un viaje suyo a Barranquilla, donde yo vivía, cuando me habló de aquella novela que estaba escribiendo. «Se parece a un bolero», me dijo. (El bolero, la expresión musical más auténticamente latinoamericana, es en apariencia de un desmesurado sentimentalismo: pero tiene también un guiño, una exageración asumida con humor, un «no lo tomes tan al pie de la letra», que sólo, al parecer, los latinoamericanos logramos captar. Como los adjetivos de Borges.) «Hasta el momento —me dijo poniendo los dedos sobre la mesa y haciéndolos caminar por el centro de ella— yo he tomado con mis libros el camino más seguro. Sin correr riesgos. Ahora siento que debo caminar por el borde —y sus dedos avanzaron en difícil equilibrio por el borde de la mesa—. Fíjate, cuando uno de los personajes del libro muere de un disparo, un hilo de su sangre recorre todo el pueblo hasta llegar a donde se encuentra la madre del muerto. Todo es así, en el límite de lo sublime o de lo cursi. Como el bolero.» Luego agregó: «O doy un trancazo con este libro o me rompo la cabeza.»

Me estaba hablando, claro, de Cien años de soledad. Cuando leí el manuscrito, muy poco después de haberlo él terminado, le escribí un papel diciéndole que sin duda había dado él el trancazo. Recibí a vuelta de correo su respuesta: «Esta noche, después de leer tu carta, voy a dormir tranquilo. El problema de Cien años de soledad no era escribirla, sino tener que pasar por el trago amargo de que la lean los amigos que a uno le interesan. Las reacciones han sido mucho más favorables de lo que yo esperaba. Creo que el concepto más fácil de

*resumir es el de la Editorial Sudamericana:
contrataron el libro para una primera edición
de 10.000 ejemplares, y hace quince días, después de mostrarles a sus expertos las pruebas
de imprenta, doblaron el tiraje.»*

Sí, la larga espera iniciada quince años atrás,
cuando escribía hasta el amanecer La hojarasca, había terminado.

"Cien años de soledad"

—¿Cuál fue tu propósito, cuando te sentaste a escribir *Cien años de soledad*?

—Darle una salida literaria, integral, a todas las experiencias que de algún modo me hubieran afectado durante la infancia.

—Muchos críticos ven en el libro una parábola o alegoría de la historia de la humanidad.

—No, quise sólo dejar una constancia poética del mundo de mi infancia, que como sabes transcurrió en una casa grande, muy triste, con una hermana que comía tierra y una abuela que adivinaba el porvenir, y numerosos parientes de nombres iguales que nunca hicieron mucha distinción entre la felicidad y la demencia.

—Los críticos le encuentran siempre intenciones más complejas.

—Si existen, deben ser inconscientes. Pero puede ocurrir también que los críticos, al contrario de los novelistas, no encuentran en los libros lo que pueden sino lo que quieren.

—Siempre hablas con mucha ironía de los críticos. ¿Por qué te disgustan tanto?

—Porque en general, con una investidura de pontífices, y sin darse cuenta de que una novela como *Cien años de soledad* carece por completo de seriedad y está llena de señas a los amigos más íntimos, señas que sólo ellos pueden descubrir, asumen la responsabilidad de descifrar todas las adivinanzas del libro corriendo el riesgo de decir grandes tonterías.

»Recuerdo, por ejemplo, que algún crítico creyó descubrir claves importantes de la novela al encontrarse con que un personaje, Gabriel, se lleva a París las obras completas de Rabelais. A partir de este hallazgo todas las desmesuras y todos los excesos pantagruélicos de los personajes se explicarían, según él, por esta influencia literaria. En realidad, aquella alusión a Rabelais fue puesta por mí como una cáscara de banano que muchos críticos pisaron.

—Sin prestarle atención a lo que dicen los críticos, la novela es mucho más que una recuperación poética de tus recuerdos de infancia. ¿No dijiste alguna vez que la historia de los Buendía podía ser una versión de la historia de América Latina?

—Sí, lo creo. La historia de América Latina es también una suma de esfuerzos desmesurados e inútiles y de dramas condenados de antemano al olvido. La peste del olvido existe también entre nosotros. Pasado el tiempo, nadie reconoce por cierta la masacre de los trabajadores de la compañía bananera, se acuerda del coronel Aureliano Buendía.

—Y las treinta y dos guerras perdidas del coronel pueden expresar nuestras frustraciones políticas. ¿Qué hubiese ocurrido, a propósito, si el coronel Aureliano Buendía hubiese triunfado?

—Se habría parecido enormemente al patriarca. En un momento dado, escribiendo la novela, tuve la tentación de que el coronel se tomara el poder. De haber sido así, en vez de *Cien años de soledad* habría escrito *El otoño del patriarca*.

—¿Debemos creer que, por una fatalidad de nuestro destino histórico, quien lucha contra el despotismo corre gran riesgo de volverse él mismo un déspota al llegar al poder?

—En *Cien años...*, un condenado a muerte le dice al coronel Aureliano Buendía: «Lo que me preocupa es que de tanto odiar a los militares, de tanto combatirlos, de tanto pensar en ellos, has terminado por ser igual a ellos.» Y concluyó: «A este paso, serás el dictador más despótico y sanguinario de nuestra historia.»

—¿Es cierto que a los dieciocho años de edad intentaste escribir esta misma novela?

—Sí, se llamaba *La casa*, porque pensé que toda la historia debía transcurrir dentro de la casa de los Buendía.

—¿Hasta dónde llegó aquel esbozo? ¿Era desde entonces una historia que se proponía abarcar un lapso de cien años?

—Nunca logré armar una estructura continua, sino trozos sueltos, de los cuales quedaron algunos publicados en los periódicos donde trabajaba entonces. El número de años no fue nunca nada que me preocupara. Más aún: no estoy muy seguro de que la historia de *Cien años de soledad* dure en realidad cien años.

—¿Por qué la interrumpiste?

—Porque no tenía en aquel momento la experiencia, el aliento ni los recursos técnicos para escribir una obra así.

—Pero la historia siguió dándote vueltas en la cabeza.

—Unos quince años más. Pero no encontraba el tono que me la hiciera creíble a mí mismo. Un día, yendo para Acapulco con Mercedes y los niños, tuve la revelación: debía contar la historia como mi abuela me contaba las suyas, partiendo de aquella tarde en que el niño es llevado por su padre para conocer el hielo.

—Una historia lineal.

—Una historia lineal donde con toda inocencia lo extraordinario entrara en lo cotidiano.

—¿Es cierto que diste media vuelta en la carretera y te pusiste a escribirla?

—Es cierto, nunca llegué a Acapulco.

—¿Y Mercedes?

—Tú sabes ya toda la cantidad de locuras

de ese estilo que ella me ha aguantado. Sin Mercedes no habría llegado a escribir el libro. Ella se hizo cargo de la situación. Yo había comprado meses atrás un automóvil. Lo empeñé y le di a ella la plata calculando que nos alcanzaría para vivir unos seis meses. Pero yo duré año y medio escribiendo el libro. Cuando el dinero se acabó, ella no me dijo nada. Logró, no sé cómo, que el carnicero le fiara la carne, el panadero, el pan y que el dueño. del apartamento nos esperara nueve meses para pagarle el alquiler. Se ocupó de todo sin que yo lo supiera: inclusive de traerme cada cierto tiempo quinientas hojas de papel. Nunca faltaron aquellas quinientas hojas. Fue ella la que, una vez terminado el libro, puso el manuscrito en el correo para enviárselo a la Editorial Sudamericana.

—Me lo contó alguna vez; llevó el manuscrito al correo pensando: «¿Y si después de todo resulta que la novela es mala?» Creo que no la había leído, ¿verdad?

—A ella no le gusta leer manuscritos.

—Y, con tus hijos, es una de las últimas personas en leer tus libros. Dime, ¿estabas seguro del éxito de *Cien años de soledad*?

—Estaba seguro de que tendría buena crítica. Pero no de su éxito en el público. Calculé que se venderían unos cinco mil ejemplares. (De mis libros anteriores sólo se habían vendido hasta entonces unos mil de cada uno.) La

Editorial Sudamericana fue algo más optimista: calculó que se venderían ocho mil. En realidad, la primera edición se vendía en quince días y en una sola ciudad, Buenos Aires.

—Hablemos del libro. ¿De dónde proviene la soledad de los Buendía?

—Para mí, de su falta de amor. En el libro se advierte que el Aureliano con la cola de cerdo era el único de los Buendía que en un siglo había sido concebido con amor. Los Buendía no eran capaces de amor, y ahí está el secreto de su soledad, de su frustración. La soledad, para mí, es lo contrario de la solidaridad.

—No te voy a preguntar lo que tantas veces te han preguntado: por qué hay tantos Aurelianos y tantos José Arcadios, pues es sabido que se trata de una modalidad muy latinoamericana: todos nos llamamos como nuestros padres o abuelos, y en tu familia se ha llegado hasta el delirio de que otro hermano tuyo se llame también Gabriel. Pero creo saber que hay una pista para distinguir a los Aurelianos de los José Arcadios, ¿cuál es?

—Una pista muy fácil: los José Arcadios prolongan la estirpe, pero no los Aurelianos. Con una sola excepción, la de José Arcadio Segundo y Aureliano Segundo, probablemente porque siendo gemelos exactamente iguales fueron confundidos en la infancia.

—En el libro, las locuras corren por cuenta de los hombres (inventos, alquimias, guerras, parrandas descomunales) y la sensatez por cuenta de las mujeres. ¿Corresponde a tu visión de los dos sexos?

—Creo que las mujeres sostienen el mundo en vilo, para que no se desbarate mientras los hombres tratan de empujar la historia. Al final, uno se pregunta cuál de las dos cosas será la menos sensata.

—Las mujeres, según parece, no sólo aseguran la continuidad de la estirpe, sino también la de la novela. ¿Es quizás el secreto de la extraordinaria longevidad de Ursula Iguarán?

—Sí, ella ha debido morir antes de la guerra civil, cuando se acercaba a los cien años de edad. Pero descubrí que si se moría, el libro se derrumbaba. Cuando muere, ya el libro tiene tanto vapor que no importa lo que ocurra después.

—¿Cuál es el papel de Petra Cotes en el libro?

—Un juicio superficial haría pensar que es sólo el reverso de Fernanda. Es decir, una mujer caribe sin los prejuicios morales de las mujeres de los Andes. Pero yo creo más bien que su personalidad tiene mucho que ver con la de Ursula, pero una Ursula con un sentido todavía mucho más rudo de la realidad.

—Supongo que hay personajes que siguieron un rumbo distinto al previsto cuando escribías la novela. ¿Podrías citar un ejemplo?

—Sí, uno de ellos sería el de santa Sofía de

la Piedad. En la novela, como ocurrió en la realidad, debía abandonar la casa sin despedirse de nadie, al descubrirse leprosa. Aunque todo el carácter del personaje estaba construido sobre la abnegación y el espíritu de sacrificio, que hacían verosímil este desenlace, tuve que modificarlo. Resultaba excesivamente truculento.

—¿Hay algún personaje que se te haya salido completamente de las manos?

—Tres se me salieron completamente de las manos, en el sentido de que su carácter y su destino no fueron los que yo quise: Aureliano José, cuya pasión tremenda por su tía Amaranta me tomó de sorpresa, José Arcadio Segundo, que nunca fue el líder sindical bananero que yo había querido, y José Arcadio el aprendiz de Papa, que se me convirtió en una especie de Adonis decadente, un poco ajeno a todo el resto del libro.

—Para quienes tenemos algunas claves del libro, hay un momento en que Macondo deja de ser un pueblo, el tuyo, para convertirse en una ciudad, Barranquilla. Has puesto al final personajes y lugares que conociste allí. ¿Te planteó algún problema este cambio?

—Macondo, más que un lugar del mundo, es un estado de ánimo. Lo difícil no era entonces pasar del escenario de un pueblo al de una ciudad, sino pasar del uno al otro sin que se notara el cambio de nostalgias.

—¿Cuál fue para ti el momento más difícil de la novela?

—Empezar. Recuerdo muy bien el día en que terminé con mucha dificultad la primera frase, y me pregunté aterrorizado qué carajo vendría después. En realidad, hasta el hallazgo del galeón en medio de la selva no creí de verdad que aquel libro pudiera llegar a ninguna parte. Pero a partir de allí todo fue una especie de frenesí, por lo demás, muy divertido.

—¿Recuerdas el día en que la terminaste? ¿Qué hora era? ¿Cuál fue tu estado de ánimo?

—Había escrito dieciocho meses, todos los días, de nueve de la mañana a tres de la tarde. Sabía, sin duda, que aquél sería el último día de trabajo. Pero el libro llegó a su final natural de un modo intempestivo, como a las once de la mañana. Mercedes no estaba en casa, y no encontré por teléfono a nadie a quien contárselo. Recuerdo mi desconcierto como si hubiera sido ayer: no sabía qué hacer con el tiempo que me sobraba y estuve tratando de inventar algo para poder vivir hasta las tres de la tarde.

—Debe haber algún aspecto fundamental del libro que los críticos (los críticos por los cuales tienes tanta aversión) han pasado por alto. ¿Cuál sería?

—Su valor más notable: la inmensa compasión del autor por todas sus pobres criaturas.

—¿Quién ha sido el mejor lector del libro para ti?

—Una amiga soviética encontró una señora, muy mayor, copiando todo el libro a mano, cosa que por cierto hizo hasta el final. Mi amiga le preguntó por qué lo hacía, y la señora le contestó: «Porque quiero saber quién es en realidad el que está loco: si el autor o yo, y creo que la única manera de saberlo es volviendo a escribir el libro.» Me cuesta trabajo imaginar un lector mejor que esa señora.

—¿A cuántos idiomas ha sido traducido el libro?

—A diecisiete.

—Dicen que la traducción al inglés es excelente.

—Excelente, sí. El lenguaje, al comprimirse en inglés, gana en fuerza.

—¿Y las otras traducciones?

—Trabajé mucho con el traductor italiano y con el traductor francés. Las dos traducciones son buenas; no obstante, yo no siento el libro en francés.

—Se ha vendido menos en Francia que en Inglaterra o en Italia, para no hablar de los países de habla hispana donde el éxito ha sido obviamente extraordinario. ¿A qué lo atribuyes?

—Quizás al cartesianismo. Yo estoy mucho más cerca de las locuras de Rabelais que de los rigores de Descartes. En Francia fue Descartes quien se impuso. Quizás por ese motivo, aunque con muy buena crítica, el libro no ha tenido en Francia el nivel de popularidad alcanzado en otros países. Rossana Rossanda, hace poco, me hizo caer en la cuenta de que el libro se publicó en Francia en 1968, un año en que la situación social no le era muy propicia.

—¿Te ha intrigado mucho el éxito de *Cien años de soledad*?

—Sí, mucho.

—¿Y no te ha interesado descubrir el secreto?

—No, no quiero saberlo. Me parece muy peligroso descubrir por qué razones un libro que yo escribí pensando sólo en unos cuantos amigos se vende en todas partes como salchichas calientes.

"El otoño del patriarca"

—¿Recuerdas aquel avión?

—¿Cuál avión?

—Aquel avión que oímos volando sobre Caracas a las dos de la madrugada del 23 de enero de 1958. Creo que lo vimos ambos desde el balcón del apartamento, en el barrio de San Bernardino donde nos encontrábamos: dos luces rojas desplazándose a poca altura en la oscuridad del cielo, sobre una ciudad desierta por el toque de queda, que no dormía aguardando de un momento a otro la caída del dictador.

—El avión en que se fugó Pérez Jiménez.

—Sí, el avión con el que se acabó en Venezuela una dictadura de ocho años. Déjame que me vuelva hacia el lector para hablarle de aquel momento. Es importante porque fue entonces cuando tuviste la idea de escribir la novela del dictador: la que diecisiete años más tarde, después de dos versiones truncas, sería *El otoño del patriarca.*

»A bordo del avión iba el dictador con su mujer y sus hijas, sus ministros y sus amigos más cercanos. Tenía la cara inflamada por una neuralgia, y estaba enfurecido con su edecán porque en la precipitación de la fuga, al pie del avión, al que subieron por una escala de cuerda, había olvidado un maletín con once millones de dólares.

»Ganando altura, el aparato se alejaba ya hacia el mar, hacia el Caribe, cuando el locutor de la radio, interrumpiendo programas de música clásica que habíamos oído durante tres días, anunció la caída de la dictadura. Una tras otra, como bujías de un árbol de Navidad, fueron encendiéndose luces en las ventanas de Caracas. El delirio empezaría después, en la neblina y el aire fresco de la madrugada. Bocinas, gritos, sirenas de fábricas, gentes agitando banderas en autos y camiones. Poco antes de que ardiera el edificio de la Seguridad Nacional, la multitud había sacado en hombros a los presos políticos que allí se encontraban.

»Era la primera vez que veíamos la caída de un dictador en América Latina.

»Responsables de una revista semanal, García Márquez y yo vivimos a partir de aquel momento días muy intensos. Visitamos los santuarios del poder: el Ministerio de la Defensa, una especie de fortaleza, en cuyos pasillos podían leerse carteles que decían así: «Lo que usted oiga aquí, lo que vea aquí, se queda aquí»; y Miraflores, el palacio presidencial.

»En aquel antiguo caserón colonial, con una fuente en la mitad del patio y tiestos de flores alrededor, García Márquez encontró a un viejo mayordomo que servía allí desde los remotos tiempos de otro dictador, Juan Vicente Gómez. Viejo patriarca de origen rural, de ojos y bigotes de tártaro, Gómez había muerto en su cama, tranquilamente, después de gobernar con puño de hierro a su país por cerca de treinta años. El mayordomo recordaba todavía al general; la hamaca donde dormía su siesta; el gallo de riña que le gustaba.

—¿Fue después de hablar con él cuando tuviste la idea de escribir la novela?

—No, fue el día en que la Junta de Gobierno estaba reunida en aquel mismo lugar, en Miraflores. Dos o tres días después de la caída de Pérez Jiménez, ¿recuerdas? Algo ocurría, periodistas y fotógrafos esperábamos en la antesala presidencial. Eran cerca de las cuatro de la madrugada, cuando se abrió la puerta y vimos a un oficial, en traje de campaña, caminando de espaldas, con las botas embarradas y una metralleta en la mano. Pasó entre nosotros, los periodistas.

—Caminando de espaldas, todavía.

—Caminando de espaldas, apuntando con su metralleta, y manchando la alfombra con el barro de sus botas. Bajó las escaleras, tomó un auto que lo llevó al aeropuerto y se fue al exilio.

»Fue en ese instante, en el instante en que aquel militar salía de un cuarto donde se discutía cómo iba a formarse definitivamente el nuevo gobierno, cuando tuve la intuición del poder, del misterio del poder.

—Yendo días después en un automóvil, hacia la revista donde trabajábamos, me dijiste: «No se ha escrito todavía la novela del dictador latinoamericano.» Porque estábamos de acuerdo: no era *El señor Presidente*, de Asturias, que considerábamos pésima.

—Es pésima.

—Entonces, recuerdo, te dedicaste a leer biografías de dictadores. Estabas maravillado. Los dictadores latinoamericanos eran delirantes. Cada noche, a la hora de la comida, contabas una de las historias encontradas en los libros. ¿Cuál fue el dictador que hizo matar los perros negros?

—Duvalier. El doctor Duvalier, de Haití, «Papa Doc». Hizo exterminar todos los perros negros que había en el país, porque uno de sus enemigos, para no ser detenido y asesinado, se había convertido en perro. Un perro negro.

—¿No fue el doctor Francia, del Paraguay, el que ordenó que todo hombre mayor de veintiún años debía casarse?

—Sí, y cerró su país como si fuera una

casa, y sólo dejó abierta una ventana para que entrara el correo. El doctor Francia era muy extraño. Tuvo tanto prestigio como filósofo, que mereció un estudio de Carlyle.

—¿Era teósofo?

—No, el teósofo era Maximiliano Hernández Martínez, de El Salvador, que hizo forrar con papel rojo todo el alumbrado público del país para combatir una epidemia de sarampión. Hernández Martínez había inventado un péndulo que ponía sobre los alimentos, antes de comer, para saber si no estaban envenenados.

—¿Y Gómez, Juan Vicente Gómez, en Venezuela?

—Gómez tenía una intuición tan extraordinaria que más parecía una facultad de adivinación.

—Hacía anunciar su muerte, y luego resucitaba como le ocurre al patriarca de tu libro. A propósito, cuando leo *El otoño del patriarca* lo imagino con el carácter y los rasgos de Juan Vicente Gómez. A lo mejor no es una simple impresión personal. ¿No tenías en tu mente a Gómez cuando escribías el libro?

—Mi intención fue siempre la de hacer una síntesis de todos los dictadores latinoamericanos, pero en especial del Caribe. Sin embargo, la personalidad de Juan Vicente Gómez era tan imponente, y además ejercía sobre mí una fascinación tan intensa, que sin duda el patriarca tiene de él mucho más que de cualquier otro.

119

En todo caso, la imagen mental que yo tengo de ambos es la misma. Lo cual no quiere decir, por supuesto, que él sea el personaje del libro, sino más bien una idealización de su imagen.

—A lo largo de estas lecturas descubriste que los dictadores tenían muchos rasgos en común. ¿Es cierto, por ejemplo, que siempre son hijos de viudas? ¿Cómo explicarías esta particularidad?

—Lo que creo haber establecido es que la imagen dominante en su vida fue la de la madre, y que, por el contrario, eran en cierto modo, desde siempre, huérfanos de padre. Me refiero, por supuesto, a los más grandes. No a todos los que encontraron todo hecho y heredaron el poder. Esos son distintos, muy pocos, y no tienen ningún valor literario.

—Me has dicho que todos tus libros tienen como punto de partida una imagen visual. ¿Cuál fue la imagen de *El otoño del patriarca?*

—Es la imagen de un dictador muy viejo, inconcebiblemente viejo, que se queda solo en un palacio lleno de vacas.

—Alguna vez me dijiste o me escribiste que el libro se iniciaba con un dictador muy viejo que era juzgado en un estadio. (La imagen, me parece, estaba inspirada en aquel juicio de un militar batistiano, Sosa Blanco, en La Habana, al cual tú y yo asistimos, poco después del triunfo de la revolución.) Creo que dos veces empezaste el libro y lo abandonaste. ¿Cómo fue aquello?

—Durante muchos años, como ocurre con todos mis libros, tuve el problema de la estructura. Nunca los empiezo mientras no lo tengo resuelto. Aquella noche en La Habana, mientras juzgaban a Sosa Blanco, me pareció que la estructura útil era el largo monólogo del viejo dictador sentenciado a muerte. Pero no; en primer término, era antihistórico: los dictadores aquellos o se morían de viejos en su cama, o los mataban o se fugaban. Pero no los juzgaban. En segundo término, el monólogo me hubiera restringido al único punto de vista del dictador, y a su propio lenguaje.

—Sé que llevabas bastante tiempo trabajando *El otoño del patriarca*, cuando lo interrumpiste para escribir *Cien años de soledad*. ¿Por qué lo hiciste? No es frecuente interrumpir un libro para escribir otro.

—La interrupción se debió a que estaba escribiendo *El otoño*... sin saber muy bien cómo era, y por consiguiente no lograba meterme a fondo. En cambio, *Cien años...*, que era un proyecto más antiguo y muchas veces intentado, volvió a irrumpir de pronto con la única solución que me faltaba: el tono. En todo caso, no era la primera vez que me pasaba. También interrumpí *La mala hora*, en París, en 1955, para escribir *El coronel...*, que era un libro distinto incrustado dentro, y que no me dejaba avanzar.

Como escritor, tengo la misma norma que como lector: cuando un libro deja de interesarme, lo dejo. Siempre, en ambos casos, hay un momento mejor para enfrentarlo.

—Si debieses definir tu libro con una sola frase, ¿cómo lo definirías?

—Como un poema sobre la soledad del poder.

—¿Por qué tardaste tanto tiempo escribiéndolo?

—Porque lo escribí como se escriben los versos, palabra por palabra. Hubo, al principio, semanas en las que apenas había escrito una línea.

—En este libro te permitiste toda suerte de libertades: con la sintaxis, con el tiempo, quizás también con la geografía, y algunos sostienen también que con la historia. Hablemos de la sintaxis. Hay largos párrafos sin punto y sin punto y coma en los que intervienen y se entrelazan diversos puntos de vista narrativos. Nada de esto, en ti, es gratuito. ¿A qué necesidades profundas del libro corresponde esta utilización del lenguaje?

—Imagínate el libro con una estructura lineal: sería infinito y más aburrido de lo que es. Su estructura en espiral, en cambio, permite comprimir el tiempo, y contar muchas más cosas como metidas en una cápsula. El monólogo múltiple, por otra parte, permite que intervengan numerosas voces sin identificarse, como sucede en realidad con la historia y con esas conspiraciones masivas del Caribe que están llenas de infinitos secretos a voces. De todos mis libros éste es el más experimental, y el que más me interesa como aventura poética.

—También te tomas libertades con el tiempo.

—Muchas. Como recuerdas, hay un día en que el dictador al despertarse encuentra a todo el mundo con bonetes colorados. Le dicen que una serie de tipos muy raros...

—Vestidos como la sota de bastos.

—Vestidos como la sota de bastos que están cambiándolo todo (los huevos de iguana, los cueros de caimán, el tabaco y el chocolate) por bonetes colorados. El dictador abre una ventana que da al mar y en el mar, junto al acorazado dejado por los *marines*, ve las tres carabelas de Cristóbal Colón.

»Como ves, se trata de dos hechos históricos (la llegada de Colón y los desembarcos de *marines)* colocados sin ningún respeto por el orden cronológico en que ocurrieron. Deliberadamente me tomé toda suerte de libertades con el tiempo.

—¿Y con la geografía?

—También. Sin duda el del dictador es un país del Caribe. Pero es un Caribe mezcla del Caribe español y del Caribe inglés. Tú sabes que yo conozco el Caribe isla por isla, ciudad por ciudad. Y allí lo he puesto todo. Lo mío en primer lugar. El burdel donde vivía en Barranquilla, la Cartagena de mis tiempos de estudiante, las cantinas del puerto adonde yo iba a comer a la salida del periódico, a las cuatro de la mañana y hasta las goletas que al amanecer se iban para Aruba y Curazao cargadas de putas. Allí hay calles que se parecen a la calle del Comercio de Panamá, rincones que son de La Habana Vieja, de San Juan o de La Guaira. Pero también lugares que pertenecen a las Antillas inglesas, con sus hindúes, sus chinos y holandeses.

—Hay quien sostiene que en tu dictador se reúnen dos personajes históricos distintos: el caudillo de origen rural, como fue Gómez, que surge del caos y la anarquía de nuestras guerras civiles y que en un momento dado representa una aspiración de orden y de unidad nacional, y el dictador al estilo de Somoza o de Trujillo, es decir, en su origen un oscuro militar de baja graduación, sin carisma alguno, impuesto por los *marines* norteamericanos. ¿Qué piensas al respecto?

—Más que las especulaciones de los críticos, me dejó atónito (y feliz) lo que me dijo mi grande amigo, el general Omar Torrijos, cuarenta y ocho horas antes de morir: «Tu mejor libro es *El otoño del patriarca* —me dijo—: todos somos así como tú dices.»

—Por una curiosa coincidencia, casi al tiempo con *El otoño del patriarca* aparecieron otras novelas de escritores latinoamericanos sobre el mismo tema, el dictador. Pienso en *El recurso del método*, de Alejo Carpentier; en *Yo, el supremo*, de Roa Bastos y en *Oficio de difuntos* de Arturo Uslar Pietri. ¿Cómo explicar el repentino interés de los escritores latinoamericanos por este personaje?

—No creo que sea un interés repentino. El tema ha sido una constante de la literatura latinoamericana desde sus orígenes, y supongo que lo seguirá siendo. Es comprensible, pues el dictador es el único personaje mitológico que ha producido la América Latina, y su ciclo histórico está lejos de ser concluido.

»Pero en realidad a mí no me interesaba tanto el personaje en sí (el personaje del dictador feudal) como la oportunidad que me daba de reflexionar sobre el poder. Es un tema que ha estado latente en todos mis libros.

—Desde luego. Hay ya un esbozo en *La mala hora* y en *Cien años de soledad*. Es inevitable preguntarte: ¿por qué te interesa tanto el tema?

—Porque siempre he creído que el poder absoluto es la realización más alta y más compleja del ser humano, y que por eso resume a la vez toda su grandeza y toda su miseria. Lord Acton ha dicho que «el poder corrompe y el poder absoluto corrompe de modo absoluto». Este es por fuerza un tema apasionante para un escritor.

—Supongo que tu primera aproximación al poder fue estrictamente literaria. Hay obras o autores que debieron enseñarte algo al respecto. ¿Cuáles serían?

—Me enseñó mucho *Edipo rey*. Y aprendí bastante de Plutarco y de Suetonio, y en general de los biógrafos de Julio César.

—Personaje que te fascina.

—Personaje que no sólo me fascina, sino que habría sido el que yo hubiese· deseado crear en la literatura. Como no fue posible, tuve que contentarme con fabricar un dictador con los retazos de todos los dictadores que hemos tenido en América latina.

—Has dicho sobre *El otoño del patriarca* cosas bastante paradójicas. Primero, que es el más popular de todos tus libros desde el punto de vista del lenguaje, cuando en realidad parecería el más barroco, el más difícil...

—No, está escrito utilizando una gran cantidad de expresiones y refranes populares de toda la zona del Caribe. Los traductores a veces se vuelven locos tratando de encontrar el sentido de frases que entenderían de inmediato, y con risa, los chóferes de taxi de Barranquilla. Es un libro rabiosamente caribe, costeño, un lujo que se permite el autor de *Cien años de soledad* cuando decide al fin escribir lo que quiere.

—Aseguras también que es el libro donde tú te confiesas, un libro lleno de experiencias personales. Una autobiografía en clave, dijiste alguna vez.

—Sí, es un libro de confesión. El único que desde siempre quise escribir y no había podido.

—Parece extraño que puedas tomar tus experiencias personales para reconstruir el destino de un dictador. Aquí cualquier psicoanalista pararía las orejas... Dijiste alguna vez que la soledad del poder se parece a la del escritor. Quizás te referías más bien a la soledad de la fama. ¿No crees que su conquista y manejo te hicieron secretamente solidario con tu personaje del patriarca?

—Nunca dije que la soledad del poder es igual a la soledad del escritor. Dije, por una parte, como tú mismo lo dices, que la soledad de la fama se parece mucho a la soledad del poder. Y dije, por otra parte, que no hay oficio más solitario que el del escritor, en el sentido de que en el momento de escribir nadie puede ayudarlo a uno, ni nadie puede saber qué es lo que uno quiere hacer. No: uno está solo, con una soledad absoluta, frente a la hoja en blanco.

»En cuanto a la soledad del poder y la soledad de la fama, no hay ninguna duda. La estrategia para conservar el poder, como para defenderse de la fama, terminan por parecerse. Esto es en parte la causa de la soledad en ambos casos. Pero hay más: la incomunicación del poder y la incomunicación de la fama agravan el problema. Es, en última instancia, un problema de información que termina por aislar a ambos de la realidad evasiva y cambiante. La gran pregunta en el poder y en la fama, sería entonces la misma: «¿A quién creerle?» La cual, llevada a sus extremos delirantes, tendría que conducir a la pregunta final: «¿Quién carajo soy yo?» La conciencia de este riesgo, que yo no hubiera conocido de no ser un escritor famoso, me ayudó mucho, por supuesto, en la creación de un patriarca que ya no conoce, tal vez, ni su propio nombre. Y es imposible, en este juego de ida y regreso, de toma y daca, que un autor no termine por ser solidario con su personaje, por muy detestable que éste parezca. Aunque sólo sea por compasión.

Hoy

Naturalmente que ha cambiado. Era un Piscis y hoy es un Tauro. Era flaco, ansioso, fumaba muchos cigarrillos; hoy no fuma, ha ganado diez kilos y da una impresión de solidez y tranquilidad que asombra a quienes lo conocieron en otro tiempo. Ningún rastro queda hoy de su vida bohemia de juventud, cuando el amanecer le sorprendía en una sala de redacción, en un bar o en un cuarto cualquiera. Sus citas están severamente gobernadas por una agenda. Discretamente, gracias a su esposa y a Carmen Balcells, su agente literario, logra protegerse de quienes están interesados en verle; por lo general, periodistas, profesores o estudiantes universitarios que desean hablarle de su obra. Todo lo suyo está previsto de antemano; puede fijar en enero una cita para setiembre y, cosa rara en un latinoamericano, cumplirla.

Antes de Cien años *de soledad, sentía una*

profunda necesidad de escribir a sus amigos cercanos cartas frecuentes hablándoles de todo: esperanzas, contratiempos, inquietudes, estados de ánimo. «Aquí, entre nos, estoy asustado», «no creas que esta tensión en que vivo no tiene consecuencias», etc. Hoy, por principio, no escribe cartas. Se mantiene en contacto con sus amigos por teléfono. Su tono es despreocupado, cordial, muy caribe siempre: «Qué es la cosa, soy Gabo.» Pero no hace ya confidencias íntimas.

Será necesaria una confabulación de circunstancias (algunos whiskys, la hora de la madrugada), para que alguno de los sentimientos que ha guardado en el fondo de sí mismo salga sorpresivamente a flote. Quizás entonces uno llegue a adivinar, en la brizna de una frase y en un repentino brillo en las pupilas, alguna de sus nostalgias o rencores clandestinos: cómo le habría gustado, por ejemplo, al escritor de treinta años, que yo veía con un pulóver agujereado en los codos, haber vivido una aventura con una de esas muchachas bellas y sofisticadas que hoy se insinúan al escritor de cincuenta años y éste deja de lado para no alterar la tranquilidad y organización de su vida.

Pese al clan de celebridades con que hoy alterna, a los autógrafos y a los periodistas de diversa nacionalidad que desean entrevistarle, la fama no se le ha subido a la cabeza.

Sigue siendo igual con sus amigos. Estos, que lo llaman «Gabo» o «Gabito» (diminutivo de Gabriel en la costa colombiana del Caribe), actúan con él de la misma manera. Especialmente los de Barranquilla, que como buenos caribes no se impresionan con la celebridad. Algunos, muy cercanos a él, han muerto prematuramente. Los otros, gordos y con el pelo salpicado de canas, siguen tratándole como al compañero al que daban a leer libros de Joyce o de Faulkner, treinta años atrás.

Gabriel y su esposa Mercedes forman una pareja muy sólida. Gabriel la conoció a ella cuando era una niña de trece años, delgada como un alambre y con unos ojos adormilados que nunca han demostrado alarma. En efecto, ante los desastres y, cosa sorprendente, ante los virajes afortunados de la vida, Mercedes adopta la misma impavidez de granito. Lo observa todo, aguda pero tranquilamente, como sus antepasados egipcios (por el lado paterno) debían mirar las aguas del Nilo. Pero también se parece a esas mujeres del Caribe que en las novelas de García Márquez, con un sabio dominio de la realidad, constituyen el verdadero poder detrás del poder. A los personajes célebres que encuentra con su marido (llámense Fidel Castro, Luis Buñuel o Mónica Vitti), Mercedes les habla con una naturalidad que podría tomarse como rasgo de una mundanidad antigua y segura. El secreto consiste en que sigue moviéndose en la vida como si estuviese aún con sus primas de Magangué, la remota población tropical donde nació.

Los dos hijos de la pareja, Rodrigo y Gonzalo, tienen con su padre una relación excelente: cómplice y siempre con un rastro de humor de parte y parte. «¿Dónde está el famoso escritor?», bromean al llegar a casa. En los países latinoamericanos donde los ricos no tienen respeto por los pobres, ni los blancos por los negros, ni los padres por los hijos, el experimento utilizado por Gabriel se sitúa en la dirección contraria; ninguna explosión de fácil autoridad con los dos muchachos, sino un tratamiento de rigurosa igualdad casi desde que estaban en la cuna. El resultado es muy aceptable: dueños de sus propias opciones, los dos miran a la gente, y en general a la vida, con una buena dosis de inteligencia y humor.

Gabriel vive en México buena parte del año. Tiene una casa confortable en el Pedregal de San Angel, un barrio de lujosas residencias construidas sobre piedras volcánicas donde viven ex presidentes, banqueros y gentes de cine que han hecho fortuna. Al fondo de un jardín interior de la casa, se construyó un estudio aislado para escribir. Dentro hay todo el año la misma temperatura: cálida, parecida a la de Macondo, aun en los días en que afuera llueve y hace frío. Sus instrumentos de trabajo son media docena de diccionarios, toda suerte de

enciclopedias (hasta una especial sobre aviación), una fotocopiadora, una silenciosa máquina de escribir eléctrica y quinientas hojas
de papel siempre al alcance de la mano.

Ya no escribe de noche, como en sus leja-
nos tiempos de pobreza. Todos los días, vestido con un overol similar al que usan los mecá-
nicos de aviación, trabaja de las nueve de la
mañana a las tres de la tarde. El almuerzo
se sirve conforme al horario español, a las
tres de la tarde. Después, Gabriel suele escuchar música (música de cámara, de preferencia, pero también música popular latinoamericana, incluyendo los viejos boleros de Agustín
Lara que siempre han suscitado las nostalgias
de su generación).

Pero no es un escritor encerrado en una torre de marfil. Si la mañana es de un aisla-
miento total, a partir de cierta hora de la tarde
siente necesidad de entrar en contacto con el
mundo. Varias noches por semana cena fuera
de casa. Bebe moderadamente. Es un esclavo
de las informaciones. Recibe todos los días
por avión diarios de su país, y es un desaforado lector de revistas norteamericanas y france-
sas. Sus cuentas de teléfono resultan astronó-
micas, pues a propósito de cualquier cosa habla con amigos dispersos en diversos lugares
del mundo. Conversa con ellos sin prisa, de diversos temas, como si los tuviese delante suyo
con una copa de coñac en la mano.

Viaja mucho. Además de una casa en Ciudad de México y otra en Cuernavaca, tiene un apartamento en Bogotá y otro en París, a treinta pasos de La Coupole, que ocupa siempre en el otoño. Los suyos son siempre alojamientos claros y confortables, amueblados con buen gusto (siempre hay un buen sillón inglés de cuero y un espléndido aparato de alta fidelidad) a los que podría llegar sin necesidad de equipaje. Hay libros en los estantes, cuadros en las paredes, ropa en los closets y botellas de whisky, de buen whisky escocés, en el bar. Todo lo que necesita al llegar es poner un ramo de flores amarillas en un florero. Es una antigua superstición. Las flores amarillas traen suerte.

Sí, es supersticioso como los indios goajiros que servían en su casa. Cree en objetos, en situaciones o personas susceptibles de acarrear mala suerte (la «pava», dicen en Venezuela; la «jettatura», en Italia). Pero lo más sorprendente es que no se equivoca. Las gentes a quienes les ve un aura de mala suerte, la llevan consigo, en efecto. Gabriel tiene, además, las extrañas aptitudes premonitorias del coronel Aureliano Buendía. Puede presentir que un objeto va a caer al suelo y quebrarse en añicos. Cuando ocurre, cuando el objeto cae y se rompe, palidece desconcertado. No sabe cómo y por qué le llegan estas premoniciones. «Algo va a ocurrir de un momento a otro», me

dijo un primero de enero en Caracas. Nos dis-
poníamos a salir a la playa, con toallas y trajes
de baño al hombro. Tres minutos después,
aquella ciudad fácil y luminosa, sin disturbios
desde hacía muchos años, fue estremecida por
un bombardeo: aviones rebeldes atacaban el
palacio presidencial donde se hallaba el dicta-
dor Pérez Jiménez.

Creo que tiene algo de brujo. Muchas deci-
siones importantes de su vida corresponden a
una especie de intuición que rara vez puede ex-
plicar con razones. Seguramente Descartes no
habría sido buen amigo suyo (Rabelais, sí,
pero no Descartes). El cartesianismo le incomo-
da como un chaleco muy ajustado. Aunque tie-
ne excelentes amigos franceses, empezando por
el presidente François Mitterrand, la lógica
que todo francés recibe ya con su primer bi-
berón acaba por resultarle limitada: la ve
como una horma donde no cabe sino una par-
te de la realidad.

Aparte de su viejo terror por micrófonos y
cámaras, ésta es la razón por la cual no suele
dar entrevistas para la televisión francesa. Pre-
guntas tales como «¿qué es para usted la lite-
ratura?» (o la vida, la muerte, la libertad o el
amor), que los periodistas franceses, familiari-
zados desde la escuela con conceptos y análisis
abstractos, suelen largar con una alevosa tran-
quilidad, le ponen los pelos de punta. Internar-
se en este tipo de debates resulta para él tan

135

peligroso como caminar por un campo sembra-
do de explosivos.

En realidad, su medio de expresión favorito
es la anécdota. Por este motivo es novelista y
no ensayista. Se trata, quizás, de un rasgo geo-
gráfico, cultural: las gentes del Caribe descri-
ben la realidad a través de anécdotas. García
Márquez nos es dado como tantos intelectuales
europeos a las formulaciones ideológicas. La
copiosa retórica que los castellanos dejaron
sembrada en el altiplano andino le parece hue-
ca, caricatural. Siempre he pensado que su
amistad con Fidel Castro nace en buena parte
de una manera de ver la realidad, una forma de
inteligencia y un lenguaje que pertenecen a su
zona geográfica común, el Caribe.

Amigo de Castro, pero no de los gobernan-
tes rusos ni de los sombríos burócratas que
dirigen el mundo comunista; mirado con el
rigor de muchos intelectuales europeos, García
Márquez no es fácil de entender políticamente.
Para él una cosa es Breznev y otra muy distinta
Fidel Castro, aunque sea comúnmente aceptado
que muchos de los rasgos del régimen cubano
se hayan inspirado en el modelo soviético.
(Nuestras discusiones sobre el particular hace
mucho que llegaron a un punto muerto.) Pero
lo cierto es que no hay nada en común entre
un comunista ortodoxo y él. Fuera de amigos
cercanos, pocos saben el papel importante que
él juega políticamente en la zona del Caribe

*como embajador oficioso y de buena voluntad.
Tiene nexos muy cercanos con las tendencias
socialdemócratas y liberales de avanzada. En
un continente expuesto a la desgarradora alternativa entre una derecha reaccionaria, milita-
rista, proamericana y una ultraizquierda pro-
soviética y con frecuencia dogmática, él apoya
otro tipo de opciones democráticas y populares.
Esta es quizás una de las razones de su simpatía por Mitterrand.*

*Naturalmente que la derecha latinoamerica-
na, casi siempre solidaria de los dictadores
militares, le mira con aversión, como a un peligroso agente castrista. ¿Por qué no reparte su
dinero entre los pobres?, preguntan, irritados,
enemigos suyos que no establecen mayor diferencia entre Marx y san Francisco de Asís. Les
irrita que se permita lujos burgueses: el caviar,
las ostras, el buen champagne, los hoteles de
lujo, la ropa de buen corte, los autos de último
modelo. En realidad él gasta su dinero con
suma generosidad; un dinero que ha obtenido
exclusivamente con su máquina de escribir, sin
explotar a nadie.*

Muchos se sorprenden al oírle decir que El
otoño del patriarca *es el más autobiográfico de
sus libros. Yo pienso que en un cierto nivel
muy recóndito lo es, en efecto. El no ha bus-
cado la fama como su dictador buscó el poder.
La fama le cayó de improviso, con sus halagos
pero también con sus pesados tributos. Nada*

de lo que hoy haga, diga o escriba puede tener la desprevenida espontaneidad de otros tiempos. La fama debe ser administrada de la misma manera que el poder. Es una forma del poder. Exige una actitud alerta y no excesivamente confiada. Seguramente hay cosas que hoy sólo puede decirse a sí mismo. Lo que en sus tiempos de juventud y pobreza podía ser diálogo, hoy es monólogo.

El tema de toda su obra no es gratuito. Brota de su propia vida. Al niño perdido en la gran casa de sus abuelos, en Aracataca; al estudiante pobre que mataba la tristeza de los domingos en un tranvía; al joven escritor que dormía en hoteles de paso, en Barranquilla; al autor mundialmente conocido que es hoy, el fantasma de la soledad lo ha seguido siempre. Está todavía a su lado, inclusive en las noches de La Coupole, célebre como es y rodeado siempre de amigos. El ganó las treinta y dos guerras que perdió el coronel Aureliano Buendía. Pero el sino que marcó para siempre a la estirpe de los Buendía es el mismo suyo, sin remedio.

Política

—Si estás de acuerdo, vamos a recordar tu
trayectoria política. Tu padre es conservador.
Aunque suele decirse que en Colombia se es
liberal o conservador según el padre, aparen-
temente él no influyó para nada en tu formación política, pues desde muy temprano fuiste
de izquierda. ¿Nació esta posición política como
una reacción contra tu propia familia?

—Contra mi familia no, pues acuérdate que
aunque mi padre es conservador mi abuelo, el
coronel, era liberal, y liberal de los que habían
luchado a tiros contra los gobiernos conservadores. Es posible que mi primera formación
política haya comenzado con él, que en vez de
contarme cuentos de hadas, me refería las historias más terribles de nuestra última guerra
civil, guerra que librepensadores y anticlerica-
les libraron contra el gobierno conservador.
También mi abuelo me hablaba de la matanza
de los trabajadores bananeros, que ocurrió en

139

la misma región y en el mismo año en que yo nací. Como ves, por influencia familiar estuve más cerca de la rebeldía que del orden tradicional.

—¿Recuerdas cuándo y dónde leíste tus primeros textos políticos?

—En el liceo de Zipaquirá donde estudié. Estaba lleno de profesores que habían sido formados en la Escuela Normal por un marxista durante el gobierno del presidente Alfonso López, el viejo, que era de izquierda. En aquel liceo, el profesor de álgebra nos enseñaba en el recreo el materialismo histórico, el de química nos prestaba libros de Lenin y el de historia nos hablaba de la lucha de clases. Cuando salí de aquel calabozo glacial, no sabía ni dónde quedaba el norte, ni dónde quedaba el sur, pero tenía ya dos convicciones profundas: que las buenas novelas deben ser una transposición poética de la realidad y que el destino inmediato de la humanidad es el socialismo.

—¿Perteneciste alguna vez al partido comunista?

—A los veintidós años formé parte de una célula, por poco tiempo, en la que no recuerdo haber hecho nada de interés. No fui un militante propiamente dicho, sino un simpatizante. Desde entonces he tenido con los comunistas relaciones muy variables y a veces conflictivas, pues cada vez que he asumido una actitud que

140

no les gusta me caen a palos en sus periódicos. Pero ni en las peores circunstancias he hecho yo nunca declaraciones contra ellos.

—En 1957 hicimos juntos un viaje por Alemania Oriental. Pese a tantas esperanzas en el socialismo, nuestra impresión fue siniestra. ¿Aquel viaje no afectó tus convicciones políticas?

—Acuérdate: mis impresiones de aquel viaje, que fue definitivo en mi formación política, las dejé establecidas para siempre en una serie de artículos publicados entonces en una revista de Bogotá, y recogidos más de veinte años después en un libro pirata. Cuando éste se publicó, supuse que lo habían hecho no tanto por su interés periodístico y político, sino con el ánimo de poner en evidencia las contradicciones supuestas de mi evolución personal.

—¿No había tales contradicciones?

—No las había; yo hice legalizar el libro e incorporarlo a mis obras completas que en Colombia se venden en las esquinas en ediciones populares. No he cambiado una sola letra. Más aún: creo que los orígenes y la explicación de la crisis de Polonia en 1980 están expuestos en esos artículos, que los dogmáticos de hace veinticuatro años dijeron que eran pagados por los Estados Unidos. Lo gracioso es que esos dogmáticos están hoy sentados en las poltronas del poder burgués y de las finanzas, mientras el desarrollo de la historia me va dando a mí la razón.

—¿Cuál era tu punto de vista sobre las llamadas democracias populares?

—El pensamiento central de esos artículos es que en las llamadas democracias populares no había un socialismo auténtico, ni lo habría nunca por ese camino, porque el sistema imperante no estaba fundado sobre las condiciones propias de cada país. Era un sistema impuesto desde fuera por la Unión Soviética mediante partidos comunistas locales dogmáticos y sin imaginación, a los cuales no se les ocurría nada más que meter a la fuerza el esquema soviético en una realidad donde no cabía.

—Pasemos a otra experiencia común: Cuba. Trabajamos en la agencia cubana Prensa Latina. Renunciaste conmigo cuando el viejo partido comunista empezó a tomar el control de muchos organismos de la revolución. ¿Crees que aquella decisión nuestra fue correcta? ¿O consideras que se trató de un simple accidente de camino que no supimos ver como tal?

—Creo que nuestra decisión en Prensa Latina fue correcta. De habernos quedado allí, con nuestro modo de pensar, habrían terminado por sacarnos por la tangente con algunos de los parches que los dogmáticos de entonces le pegaban a uno en la frente: contrarrevolucionarios, lacayos del imperialismo, y todo lo demás. Lo que yo hice, como recuerdas, fue marginarme en silencio, mientras seguía escribiendo mis libros y tratando de hacer guiones en México, y observando de cerca y con mucha atención las evoluciones del proceso cubano. En mi opinión, después de las grandes tormentas iniciales, esa revolución se orientó por un terreno difícil y a veces contradictorio, pero que ofrece muy buenas posibilidades para un orden social más justo y democrático, y parecido a nosotros.

—¿Estás seguro? Las mismas causas producen los mismos efectos. Si Cuba toma como modelo el sistema soviético (partido único, centralismo democrático, organismos de seguridad que ejercen un férreo control sobre la población, sindicatos manipulados por el poder) es de creer que ese «orden más justo y democrático» sea tan discutible como en la Unión Soviética. ¿No lo temes así?

—El problema del análisis está en los puntos de partida: ustedes fundan el suyo en que Cuba es un satélite soviético, y yo creo que no lo es. Hay que tratar a Fidel Castro sólo un minuto para darse cuenta de que no obedece órdenes de nadie. Mi idea es que la revolución cubana está hace más de veinte años en situación de emergencia, y esto es por culpa de la incomprensión y hostilidad de los Estados Unidos, que no se resignan a permitir este ejemplo a noventa millas de Florida. No es por culpa de la Unión Soviética, sin cuya asistencia (cualesquiera que sean sus motivos y propósitos) no existiría hoy la revolución cubana. Mientras esa hostilidad persista, la situación de Cuba no se podrá juzgar sino como un estado de emergencia que la obliga a vivir a la defensiva, y fuera de su ámbito histórico, geográfico y cultural. Cuando todo esto se normalice volveremos a hablar.

—La intervención en Checoslovaquia de los soviéticos, en 1968, fue aprobada por Fidel Castro (con algunas reservas, es cierto). ¿Cuál fue tu posición frente al mismo hecho?

—Fue pública y de protesta, y volvería a ser la misma si las mismas cosas volvieran a ocurrir. La única diferencia entre la posición mía y la de Fidel Castro (que no tienen por qué coincidir siempre ni en todo) es que él terminó por justificar la intervención soviética, y yo nunca lo haré. Pero el análisis que él hizo en su discurso sobre la situación interna de las democracias populares era mucho más crítico y dramático que el que yo hice en los artículos de viaje de que hablábamos hace un momento. En todo caso, el destino de América Latina no se jugó ni se jugará en Hungría, en Polonia ni Checoslovaquia, sino que se jugará en América Latina. Lo demás es una obsesión europea, de la cual no están a salvo algunas de tus preguntas políticas.

—En la década de los setenta, a raíz de la detención del poeta cubano Heberto Padilla y su famosa autocrítica, algunos amigos tuyos tomamos distancia frente al régimen cubano. Tú, no. No firmaste el telegrama de protesta que enviamos, volviste a Cuba, te hiciste amigo de Fidel. ¿Qué razones te llevaron a adoptar una actitud mucho más favorable hacia el régimen cubano?

—Una información mucho mejor y más directa, y una madurez política que me permite una comprensión más serena, más paciente y humana de la realidad.

—Muchos escritores como tú en América Latina hablan del socialismo (marxista-leninista) como una alternativa deseable. ¿No crees que sea un poco el «socialismo del abuelo»? Pues ese socialismo no es hoy una abstracción generosa, sino una realidad no muy fascinante. ¿Lo admites? Después de lo ocurrido en Polonia, no se puede creer que la clase obrera esté en el poder en esos países. Entre un capitalismo podrido y un «socialismo» —entre comillas) también podrido, ¿no ves una tercera alternativa para nuestro continente?

—No creo en una tercera alternativa: creo en muchas, y tal vez en casi tantas como países hay en nuestras Américas, incluidos los Estados Unidos. Mi convicción es que tenemos que inventar soluciones nuestras, en las cuales se aprovechen hasta donde sea posible las que otros continentes han logrado a través de una historia larga y accidentada, pero sin tratar de copiarlas de un modo mecánico, que es lo que hemos hecho hasta ahora. Al final, sin remedio, ésa será una forma propia de socialismo.

—A propósito de otras opciones: ¿qué papel puede jugar el gobierno de Mitterrand en América Latina?

—En un almuerzo reciente, el presidente Mitterrand nos preguntó en México a un grupo de escritores: «¿Qué es lo que ustedes esperan de Francia?» La discusión de la respuesta derivó hacia cuál era el enemigo principal de quién. Los europeos que estaban en la mesa, convencidos de que estábamos al borde de una nueva repartición del mundo como la que se hizo en Yalta, dijeron que su enemigo principal era la Unión Soviética. Los latinoamericanos dijimos que para nosotros el enemigo principal eran los Estados Unidos. Yo terminé de contestar la pregunta del presidente (que es la misma que tú me haces ahora) en esta forma: «Ya que todos tenemos nuestro enemigo principal, ahora lo que nos hace falta en América Latina es un amigo principal, que bien puede serlo la Francia socialista.»

—¿Tú crees que la democracia tal como existe en los países capitalistas desarrollados es posible en el Tercer Mundo?

—La democracia de los países desarrollados es un producto de su propio desarrollo, y no lo contrario. Tratar de implantarla cruda en países con otras culturas (como los de

América Latina) es tan mecánico e irreal como tratar de implantar el sistema soviético.

—¿Crees entonces que la democracia es una especie de lujo de los países ricos? Acuérdate que ella comporta la preservación de los Derechos Humanos, por los cuales tú has luchado...

—No hablo de los principios, sino de las formas de democracia.

—A propósito, ¿cuál es el saldo de tu ya larga lucha en favor de los Derechos Humanos?

—Es un saldo difícil de medir, porque los resultados de un trabajo como el mío en el campo de los Derechos Humanos no son precisos e inmediatos, sino que ocurren a veces cuando menos se espera, y por una conjunción de factores, entre los cuales la gestión de uno es casi imposible de valorar. Para un escritor famoso y acostumbrado a ganar siempre, como yo, este trabajo es una escuela de humildad.

—¿Cuál ha sido de todas las gestiones emprendidas la que más satisfacción te causó?

—La gestión que me causó una satisfacción más inmediata y emocionante, y además justa, fue antes de la victoria sandinista, cuando Tomás Borge, que hoy es ministro del Interior de Nicaragua, me pidió pensar en algún argumento original para que su esposa y su hija de siete años pudieran salir de la embajada de Colombia en Managua, donde se habían asi-

lado. El dictador Somoza les negaba el salvo-
conducto porque eran nada menos que la familia del último fundador sobreviviente del
Frente Sandinista. Tomás Borge y yo exami-
namos la situación durante varias horas, hasta
que encontramos un punto útil: la niña había
tenido alguna vez un problema de insuficiencia
renal. Consultamos con un médico lo que eso
podía significar en las circunstancias en que
la niña se encontraba, y su respuesta nos dio
el argumento que buscábamos. Menos de cuarenta y ocho horas después, la madre y la niña
estaban en México, gracias a un salvoconduc-
to que les habían dado por motivos humanita-
rios y no políticos.

»El más descorazonador de los casos, en
cambio, fue mi contribución para liberar a
dos banqueros ingleses que fueron secuestrados por los guerrilleros de El Salvador en 1979.
Se llamaban Ian Massie y Michael Chaterton.
Los dos hombres iban a ser ejecutados cuarenta y ocho horas más tarde, por falta de un
acuerdo entre las partes, cuando el general
Omar Torrijos me llamó por teléfono, a solicitud de las familias de los secuestrados, para
pedirme que hiciera algo para salvarlos. Trans-
mití el mensaje a los guerrilleros a través de
numerosos intermediarios, y llegó a tiempo.
Yo me comprometía a lograr que las negociaciones del rescate se reanudaran de inmediato,
y ellos aceptaron. Le pedí entonces a Graham

Greene, quien vivía en Antibes, que hiciera el contacto con la parte inglesa. La negociación entre los guerrilleros y el banco duró cuatro meses, y ni Graham Greene ni yo tuvimos ninguna participación en ella, pues así lo habíamos establecido. Pero cada vez que había un tropiezo, alguna de las dos partes se ponía en contacto conmigo para que se reanudaran las conversaciones. Los banqueros fueron liberados, pero ni Graham Greene ni yo recibimos nunca ninguna señal de gratitud. Esto no me importaba, por supuesto, pero me sorprendió. Al cabo de muchas reflexiones, sólo se me ha ocurrido una explicación: Graham Greene y yo habíamos hecho las cosas tan bien, que los ingleses debieron pensar que éramos cómplices de los guerrilleros.

—Muchos te consideran una especie de embajador volante en el área del Caribe. Un embajador de buena voluntad, desde luego. Amigo personal de Castro, pero también de Torrijos, de Carlos Andrés Pérez, de Venezuela; de Alfonso López Michelsen, de Colombia, de los sandinistas... Eres un interlocutor privilegiado. ¿Qué te motiva para cumplir este papel?

—Los tres personajes que has citado coincidieron en el poder en un momento crucial del Caribe, y fue una coincidencia afortunada. Fue una lástima que no hubieran podido trabajar más tiempo en la forma coordinada en que lo hicieron. En cierto momento, ellos tres, junto con Fidel Castro en Cuba, y un presidente como Jimmy Carter en los Estados Unidos, hubieran podido sin ninguna duda encaminar esa área conflictiva por un buen camino. La comunicación que existió entre ellos fue constante, fue muy positiva, y no sólo fui testigo de ella, sino que presté mi colaboración hasta donde me fue posible. Creo que Centroamérica y el Caribe, que para mí son una misma cosa y no entiendo bien por qué tienen dos nombres distintos, están en un momento histórico y en un grado de madurez que le permitirían salir de su empantanamiento tradicional, pero creo también que los Estados Unidos no lo permiten, porque eso implicaría una renuncia a privilegios muy antiguos y desmesurados. Carter, con todas sus limitaciones, fue el mejor interlocutor que tuvo el Caribe en los últimos años, y la coincidencia de Torrijos, Carlos Andrés Pérez y López Michelsen fue muy importante para el diálogo. Mi convicción de que esto era así fue lo que me impulsó a jugar un papel, tal vez muy modesto, pero muy interesante para mí, en aquel momento histórico. Y que fue, simplemente, el de un intermediario oficioso en un proceso que habría llegado muy lejos, de no haber sido por la catastrófica elección de un presidente norteamericano que representaba precisamente los intereses contrarios. Torrijos decía que mi trabajo era de «diplomacia secreta», y dijo muchas veces, en público, que yo tenía la costumbre de transmitir de tal modo los mensajes negativos, que los hacía parecer positivos. Nunca supe si era un reproche o un elogio.

—¿Qué tipo de gobierno desearías para tu país?

—Cualquier gobierno que haga felices a los pobres. ¡Imagínate!

Mujeres

—Alguna vez tuviste la suerte de encontrar a la mujer más bella del mundo (¿en un cóctel?). Entre la mujer más bella del mundo y tú hubo, al parecer, una especie de *coup de foudre*. Ella te dio cita en la puerta de un banco, al día siguiente. Fuiste a la cita. Y cuando todas las circunstancias eran propicias para que entre la mujer más bella del mundo y tú ocurriera algo, huiste. Como un conejo. Tratándose de la mujer más bella del mundo (pensaste), aquélla no podría ser una historia banal, y para ti (lo sabemos de sobra tus amigos) Mercedes, tu matrimonio con Mercedes, es más importante que cualquier cosa. ¿Debemos entender que la felicidad conyugal tiene como precio esta clase de sacrificios heroicos?

—Tu único error en la evocación de esta vieja historia es que su desenlace no tuvo nada que ver con la felicidad conyugal. La mujer más bella del mundo no tenía que ser, necesariamente, la más apetecible, en el sentido en que yo entiendo este tipo de relaciones. Mi impresión, al cabo de una breve conversación, fue que su carácter podía causarme ciertos conflictos emocionales que tal vez no estarían compensados por su belleza. Siempre he creído que no hay nada comparable a la lealtad de una mujer a condición de que se establezcan las reglas del juego desde el principio, y que uno las cumpla sin engaños de ninguna clase. Lo único que esa lealtad no puede soportar es la mínima violación de las reglas establecidas. Tal vez me pareció que la mujer más bella del mundo no conocía ese ajedrez universal, y quería jugar con fichas de otro color. Tal vez, en última instancia, no tenía mejores virtudes que su belleza, y ésta no era bastante como para establecer una relación que fuera buena para ambos. Así las cosas, el sacrificio lo fue, pero no demasiado heroico. Toda la historia, que no duró más de media hora, dejó sin embargo algo importante: un cuento de Carlos Fuentes.

—¿Hasta qué punto han sido importantes las mujeres en tu vida?

—No podría entender mi vida, tal como es, sin la importancia que han tenido en ella las mujeres. Fui criado por una abuela y numerosas tías que se intercambiaban en sus atenciones para conmigo, y por mujeres del servicio que me daban instantes de gran felicidad durante mi infancia porque tenían, si no menos prejuicios, al menos prejuicios distintos a los de las mujeres de la familia. La que me enseñó a leer era una maestra muy bella, muy graciosa, muy inteligente, que me inculcó el gusto de ir a la escuela sólo por verla. En todo momento de mi vida hay una mujer que me lleva de la mano en las tinieblas de una realidad que las mujeres conocen mejor que los hombres, y en las cuales se orientan mejor con menos luces. Esto ha terminado por convertirse en un sentimiento que es casi una superstición: siento que nada malo me puede suceder cuando estoy entre mujeres. Me producen un sentimiento de seguridad sin el cual no hubiera podido hacer ninguna de las cosas buenas que he hecho en la vida. Sobre todo, creo que no hubiera podido escribir. Esto también quiere decir, por supuesto, que me entiendo mejor con ellas que con los hombres.

—En *Cien años de soledad* las mujeres ponen el orden allí donde los hombres introducen el caos. ¿Es tu visión del papel histórico de los dos sexos?

—Hasta *Cien años de soledad*, ese reparto de destinos entre el hombre y la mujer fue espontáneo e inconsciente en mis libros. Fueron los críticos, y en especial Ernesto Volkening, quienes me hicieron caer en la cuenta, y esto no me gustó nada, porque a partir de entonces ya no construyo los personajes femeninos con la misma inocencia que antes. En todo caso, analizando mis propios libros con esa óptica, he descubierto que, en efecto, parece corresponder a la visión histórica que tengo de los dos sexos: las mujeres sostienen el orden de la especie con puño de hierro, mientras los hombres andan por el mundo empeñados en todas las locuras infinitas que empujan la historia. Esto me ha hecho pensar que las mujeres carecen de sentido histórico: en efecto, de no ser así, no podrían cumplir su función primordial de perpetuar la especie.

—¿Dónde se formó en ti esa visión del papel histórico de las mujeres y de los hombres?

—Tal vez en casa de mis abuelos, mientras escuchaba los cuentos sobre las guerras civiles. Siempre he pensado que ellas no hubieran sido posibles si las mujeres no dispusieran de esa fuerza casi geológica que les permite echarse el mundo encima sin temerle a nada. En efecto, mi abuelo me contaba que los hombres se iban a la guerra con una escopeta, sin saber ni siquiera para dónde iban, sin la menor idea de cuándo volverían, y por supuesto, sin preocuparse qué iba a suceder en casa. No importaba: las mujeres se quedaban a cargo de la especie, haciendo los hombres que iban a reemplazar a los que cayeran en la guerra, y sin más recursos que su propia fortaleza e imaginación. Eran como las madres griegas que despedían a sus hombres cuando iban a la guerra: «Regresa con el escudo o sobre el escudo.» Es decir, vivo o muerto, pero nunca derrotado. Muchas veces he pensado si este modo de ser de las mujeres, que en el Caribe es tan evidente, no será la causa de nuestro machismo. Es decir: si en general el machismo no será producto de las sociedades matriarcales.

—Me parece que giras siempre en torno al mismo tipo de mujer, muy bien representado en *Cien años de soledad* por Ursula Iguarán: la mujer madre, destinada a preservar la especie. Pero existen también en este mundo (tienes que habértelas encontrado en la vida) las mujeres inestables, las mujeres castradoras o las simplemente «alumbradoras». ¿Qué haces con ellas?

—Estas, por lo general, lo que andan buscando es un papá. De modo que a medida que uno envejece está más propenso a encontrarlas. Un poco de buena compañía, un poco de comprensión, inclusive un poco de amor es todo cuanto necesitan, y suelen agradecerlo. Un poco de todo nada más, por supuesto, porque su soledad es insaciable.

—¿Recuerdas la primera vez que fuiste perturbado por una mujer?

—La primera que me fascinó, como ya te dije, fue la maestra que me enseñó a leer a los cinco años. Pero aquello era distinto. La primera que me inquietó fue una muchacha que trabajaba en la casa. Una noche había música en la casa de al lado, y ella, con la mayor inocencia, me sacó a bailar en el patio. El contacto de su cuerpo con el mío, cuando yo tenía unos seis años, fue un cataclismo emocional del cual todavía no me he repuesto, porque nunca más lo volví a sentir con tanta intensidad, y sobre todo, con semejante sensación de desorden.

—¿Y la última que te ha inquietado?

—Puedo decirte que fue una que vi anoche en un restaurante de París, y no te diría mentira. Me ocurre a cada instante, de modo que no llevo la cuenta. Tengo un instinto muy especial: cuando entro en un sitio lleno de gente, siento una especie de señal misteriosa que me dirige la vista, sin remedio, al lugar donde está la mujer que más me inquieta entre la muchedumbre. No suele ser la más bella, sino una con la cual, sin duda, tengo afinidades profundas. Nunca hago nada: me basta con saber que ella está ahí, y eso me alegra bastante. Es algo tan puro y tan hermoso, que a veces la propia Mercedes me ayuda a localizarla y a escoger el puesto que más me conviene.

—Aseguras que no tienes un pelo de machista. ¿Podrías dar un ejemplo para probarle a cualquier feminista desconfiada que no lo eres?

—La concepción que tienen del machismo

las llamadas feministas no es la misma en todas ellas, ni siempre coincide con mi propia concepción. Hay feministas, por ejemplo, que lo que quieren es ser hombres, lo cual las define de una vez como machistas frustradas. Otras reafirman su condición de mujer con una conducta que es más machista que la de cualquier hombre. De modo que es muy difícil demostrar nada en este terreno, al menos en términos teóricos. Se demuestra con la práctica: *Crónica de una muerte anunciada*, para no citar sino uno de mis libros, es sin duda una radiografía y al mismo tiempo una condena de la esencia machista de nuestra sociedad. Que es, desde luego, una sociedad matriarcal.

—¿Cómo definirías, pues, el machismo?

—Yo diría que el machismo, tanto en los hombres como en las mujeres, no es más que la usurpación del derecho ajeno. Así de simple.

—El patriarca es un hombre sexualmente primitivo. Se lo recuerda su doble, en el momento de morir envenenado. ¿Crees que esta circunstancia influyó en su carácter o en su destino?

—Creo que fue Kissinger quien dijo que el poder es afrodisíaco. La historia demuestra, en todo caso, que los poderosos viven como atribulados por una especie de frenesí sexual. Yo diría que mi idea en *El otoño del patriarca* es más compleja: el poder es un sustituto del amor.

—Justamente: en tus libros, quien busca y consigue el poder parece incapaz de amar. Pienso no sólo en el patriarca, sino en el coronel Aureliano Buendía. ¿Esa incapacidad es causa o consecuencia de su gusto por el poder?

—Dentro de mi idea, pienso que la incapacidad para el amor es lo que los impulsa a buscar el consuelo del poder. Pero nunca estoy muy seguro de esas especulaciones teóricas, que en mi caso son siempre *a posteriori*. Prefiero dejárselas a otros que las hacen mejor y se divierten más con ellas.

—El teniente de *La mala hora* parece tener problemas sexuales. ¿Es un impotente o quizás un homosexual?

—Nunca creí que el teniente de *La mala hora* fuera homosexual, pero debo admitir que su comportamiento puede suscitar la sospecha. De hecho, en alguna versión de borrador era algo que se rumoreaba en el pueblo, pero lo eliminé porque me pareció demasiado fácil. Preferí que lo decidieran los lectores. De lo que no cabe duda es de su incapacidad para el amor, aunque yo no lo pensaba de modo consciente cuando estructuré el personaje, y sólo lo supe después, cuando trabajaba sobre el carácter del coronel Aureliano Buendía. En todo caso, la coherencia que hay entre estos dos personajes y el patriarca no va por la línea de su comportamiento sexual, sino por la línea del poder. El teniente de *La mala hora* fue mi primera tentativa concreta de explorar el misterio del poder (a un nivel tan modesto como el de un alcalde de pueblo) y el más complejo fue el del patriarca. La coherencia es demostrable: el coronel Aureliano Buendía pudo haber sido muy bien, en un nivel, el teniente de *La mala hora*, y en otro nivel, el patriarca. Quiero decir que en ambos casos su comportamiento hubiera sido el mismo.

—¿Realmente te parece muy grave la incapacidad para el amor?

—Creo que no hay mayor desgracia humana. No sólo para el que la padece sino para quienes tengan el infortunio de pasar por dentro de su órbita.

—¿La libertad sexual tiene para ti algún límite? ¿Cuál sería?

—Todos somos rehenes de nuestros prejuicios. En teoría, como hombre de mentalidad liberal, creo que la libertad sexual no debe tener ningún límite. En la práctica, no puedo escapar a los prejuicios de mi formación católica y de mi sociedad burguesa, y estoy a merced, como todos nosotros, de una doble moral.

—Has sido padre de varones. ¿Te has preguntado alguna vez cómo habrías sido tú como padre de hijas? ¿Estricto? ¿Tolerante? ¿Celoso, quizás?

—Yo soy padre sólo de varones y tú eres padre sólo de mujeres. Sólo puedo decirte que uno es tan celoso con sus hijos como lo son ustedes con sus hijas.

—Alguna vez dijiste que todos los hombres son impotentes, pero que se encuentra siempre una mujer que les resuelve el problema. ¿Hasta ese punto juzgas que son fuertes nuestras inhibiciones masculinas?

—Creo que fue un francés quien lo dijo: «No hay hombres impotentes, sino mujeres que no saben.» En efecto, a pesar de que muy pocos lo reconocen, todo hombre normal llega muerto de miedo a una experiencia sexual nueva. La explicación de ese miedo, creo yo, es cultural: tiene miedo de quedar mal con la mujer, y en realidad queda mal, porque el miedo le impide quedar tan bien como se lo impone su machismo. En ese sentido, todos somos impotentes, y sólo la comprensión y la ayuda de la mujer nos permite salir adelante con cierto decoro. No está mal: eso le da un encanto adicional al amor, en el sentido de que cada vez es como si fuera la primera, y cada pareja tiene que empezar a aprender otra vez desde el principio como si fuera la primera tentativa de cada uno. La carencia de esta emoción y este misterio es lo que hace inaceptable y tan aburrida la pornografía.

—Cuando eras muy joven y muy pobre, y enteramente desconocido, sufriste a veces por falta de mujeres. Hoy, con la fama, te sobran oportunidades con ellas. Pero la necesidad de mantener tu vida privada en orden hacen de ti esa vaina tan rara que es un hombre difícil. ¿No resientes esto, en el fondo, como una injusticia del destino?

—Lo que me impide ser, como se dice, un tumbalocas público, no es la necesidad de preservar mi vida privada, sino el hecho de que no entiendo el amor como un asalto momentáneo y sin consecuencias. Para mí es una relación recíproca, larga y a fuego lento, y es eso lo que me resulta casi imposible de multiplicar en mis circunstancias actuales. No me refiero, por supuesto, a las tentaciones pasajeras, frutos de la vanidad, la curiosidad y hasta el aburrimiento, que no dejan rastros ni siquiera de la cintura para abajo. De todos modos, estoy seguro desde hace mucho tiempo de que ya no hay ninguna fuerza telúrica capaz de trastornar eso que tú llamas el orden de mi vida privada, y que todos entendemos, sin muchas explicaciones, lo que quiere decir.

Supersticiones, manías, gustos

—Lo dijiste alguna vez: «El que no tenga Dios, que tenga supersticiones.» Es un tema serio para ti.

—Muy serio.

—¿Por qué?

—Creo que las supersticiones, o lo que llaman supersticiones, pueden corresponder a facultades naturales que un pensamiento racionalista, como el que domina en Occidente, ha resuelto repudiar.

—Empecemos por las más corrientes: el número 13. ¿Crees realmente que trae mala suerte?

—Pues yo pienso todo lo contrario. Quienes lo saben hacen creer que tiene efectos maléficos (y los norteamericanos se lo han creído: sus hoteles pasan del piso 12 al piso 14), sólo para que los demás no lo usen y ser los únicos beneficiarios del secreto: es un número de buen agüero. Lo mismo sucede con los gatos negros y con el hecho de pasar por debajo de una escalera.

—Siempre hay flores amarillas en tu casa. ¿Qué significado tienen?

—Mientras haya flores amarillas nada malo puede ocurrirme. Para estar seguro necesito tener flores amarillas (de preferencia rosas amarillas) o estar rodeado de mujeres.

—Mercedes pone siempre en tu escritorio una rosa.

—Siempre. Me ha ocurrido muchas veces estar trabajando sin resultado; nada sale, rompo una hoja de papel tras otra. Entonces vuelvo a mirar hacia el florero y descubro la causa: la rosa no está. Pego un grito, me traen la flor y todo empieza a salir bien.

—¿Es para ti el amarillo un color de suerte?

—El amarillo sí, pero no el oro, ni el color oro. Para mí el oro está identificado con la mierda. Es en mi caso un rechazo a la mierda, según me dijo un psicoanalista. Desde niño.

—En *Cien años de soledad* un personaje compara el oro con la caca de perro.

—Sí, cuando José Arcadio Buendía descubre la fórmula para transmutar los metales en oro y muestra a su hijo el resultado de su experimento, éste dice: «Parece mierda de perro.»

—De modo que nunca llevas oro encima.

—Jamás. Ni pulsera, ni cadena, ni reloj,

ni anillo de oro. Tampoco verás en mi casa un objeto que tenga oro.

—Tú y yo aprendimos en Venezuela una cosa que nos ha servido de mucho en la vida: la relación que existe entre el mal gusto y la mala suerte. La «pava», como llaman los venezolanos a este efecto maléfico que pueden tener objetos, actitudes o personas de gusto rebuscado.

—Es una extraordinaria defensa que levantó el buen sentido popular en Venezuela contra la explosión de mal gusto de los nuevos ricos.

—Has hecho, creo, una lista completa de objetos y cosas que tienen «pava». ¿Recuerdas ahora algunas?

—Bueno, están las obvias, las elementales. Los caracoles detrás de la puerta...

—Los acuarios dentro de las casas...

—Las flores de plástico, los pavos reales, los mantones de Manila... La lista es muy grande.

—Mencionaste alguna vez a esos muchachos que en España entran a cantar en un restaurante con largas capas negras.

—Las estudiantinas. Pocas cosas hay tan pavosas como ésa.

—¿Y los vestidos de ceremonia?

—También, pero gradualmente. El frac tiene más «pava» que el smoking, pero menos que el «saco-levita». El smoking tropical es el único traje de este género que se salva.

167

—¿Nunca te has puesto un frac?

—Nunca.

—¿Nunca te lo pondrías? Si llegas a ganar el premio Nobel tendrías que ponértelo.

—Ya me ha ocurrido en otras ocasiones poner como condición para asistir a un evento o ceremonia no tener que vestir el frac. Qué le vamos a hacer: es «pavoso».

—Habíamos encontrado otras formas más sutiles de la «pava». Decidiste una vez, por ejemplo, que fumar desnudo no tenía efectos maléficos pero que fumar desnudo y paseándose sí.

—Y andar desnudo y con zapatos.

—Claro.

—O hacer el amor con los calcetines puestos. Es fatal. No puede resultar bien.

—¿Qué otras cosas?

—Los inválidos que sacan partido de sus defectos para tocar un instrumento musical. Por ejemplo, los mancos que tocan batería con los pies o una flauta con la oreja. O los músicos ciegos.

—Supongo que habrá palabras con efectos maléficos. Quiero decir, palabras que no usas nunca escribiendo.

—En general, las palabras tomadas del lenguaje de los sociólogos: nivel, parámetro, contexto. Simbiosis es una palabra con «pava».

—Enfoque, también.

—Enfoque, claro. ¿Y qué tal el «minusválida»? Nunca uso el «y/o» o el «por» o «contra de».

—¿Y personas con el mismo efecto?

—Existen, pero es mejor no hablar de ellas.

—Pienso lo mismo. Hay un escritor que lleva la «pava» adonde llega. Yo no lo menciono, porque si lo hago este libro se nos va al carajo. ¿Qué haces cuando encuentras a una persona así?

—La evito. Sobre todo no duermo en el mismo lugar que ella. Hace algunos años, recuerdo, alquilamos con Mercedes un apartamento en un pueblo de la Costa Brava. Descubrimos de pronto que una vecina, una señora que vino a saludarnos, tenía «pava». Yo me negué a dormir en aquel sitio. De día estaba allí, pero no de noche. De noche me iba a dormir al apartamento de un amigo. Mercedes llegó a molestarse por eso, pero yo no podía hacer otra cosa.

—¿Hay lugares que te producen el mismo efecto?

—Sí, pero no porque traigan en sí mala suerte, sino porque en ellos he tenido en un momento dado una mala premonición. Me ocurrió con Cadaqués. Yo sé que si vuelvo allí me muero.

—Ibas allí todos los veranos, ¿qué ocurrió?

—Estábamos alojados en un hotel, cuando empezó a soplar la tramontana, ese viento terrible que destroza los nervios. Duramos Mercedes y yo tres días encerrados en el cuarto sin poder salir. Tuve entonces, sin ninguna duda, la impresión de estar afrontando un riesgo mortal. Supe que si salía vivo de Cadaqués, no podría volver nunca. Cuando cesó el viento, nos fuimos inmediatamente por aquella carretera que tú conoces, estrecha y llena de curvas. Sólo pude respirar tranquilo al llegar a Gerona. Me había salvado por milagro, pero no me salvaría la próxima vez, si regresaba.

—Tus famosas premoniciones. ¿Cómo las explicas?

—Creo que obedecen a informaciones o pistas recogidas por el subconsciente.

—Recuerdo aquel primero de enero de 1958, en Caracas, cuando tuviste la impresión de que algo grave iba a ocurrir de un momento a otro. Y ocurrió, en efecto: un bombardeo al palacio presidencial, casi en nuestras narices, que nadie podía prever. Todavía me pregunto cómo y por qué tuviste aquella premonición.

—Seguramente al despertarme en la pensión donde estaba alojado oí volar un avión de guerra. Debió quedarme en el subconsciente la impresión de que algo especial estaba ocurriendo, pues yo venía de Europa donde los aviones militares sólo vuelan sobre las ciudades en tiempos de guerra.

—¿Esas premoniciones se manifiestan de un modo muy nítido?

—No, confusamente, como un temor relacionado, sí, con una cosa concreta. Fíjate, el otro día, estando en Barcelona, al anudarme un zapato tuve de pronto la corazonada de que algo acababa de ocurrir en mi casa de México. No necesariamente algo malo. Algo. Pero me asusté porque aquel día mi hijo Rodrigo salía en automóvil hacia Acapulco. Pedí a Mercedes que llamara a casa. Había ocurrido algo, en efecto, en el momento en que me anudaba el zapato: la muchacha que trabajaba con nosotros había dado a luz. Un niño. Respiré aliviado, porque la premonición no tenía nada que ver con Rodrigo.

—Creo que tus premoniciones e intuiciones te han servido de mucho. Muchas decisiones importantes de tu vida se basan en ellas.

—No sólo las más importantes. Todas.

—¿Todas, realmente?

—Todas y todos los días. Cada vez que decido algo lo hago de una manera intuitiva.

—Hablemos de tus manías. ¿Cuál es la más grande de todas?

—La más antigua y permanente de todas es la puntualidad. La tengo desde niño.

—Contabas antes que cuando cometes un error con la máquina de escribir repites la hoja. ¿Manía o superstición?

—Manía. Un error de máquina o una tachadura es para mí ya un error de estilo. (Puede ser también simple miedo de escribir.)

—¿Tienes manías con la ropa? Quiero decir,

¿hay prendas que no te pones porque te traen mala suerte?

—Muy rara vez. En realidad, si tiene algo de «pava» lo sé antes de comprarla. Una vez, sin embargo, dejé de ponerme una chaqueta por culpa de Mercedes. Volviendo de la escuela con los niños, creyó verme en una ventana de la casa con aquella chaqueta, que era de cuadros. Yo estaba, en realidad, en otra parte. Cuando me contó aquel cuento, jamás volví a ponerme la chaqueta. Y me encantaba, por cierto.

—Hablemos de tus gustos, a la manera de las revistas femeninas. Es divertido preguntarte las cosas que entre nosotros les preguntan a las reinas de belleza. ¿Tu libro preferido?

—*Edipo rey*.

—¿Tu músico favorito?

—Bela Bartok.

—¿Y el pintor?

—Goya.

—¿Los directores de cine que más admiras?

—Orson Welles, sobre todo por *Una historia inmortal*, y Kurosawa por *Barba Roja*.

—¿La película que más te ha gustado en toda tu vida?

—*El general de la Rovere*, de Rosellini.

—Y después, ¿cuál otra?

—*Jules et Jim*, de Truffaut.

—¿El personaje cinematográfico que te hubiese gustado crear a ti?

—El general de la Rovere.

—¿El personaje histórico que más te interesa?

—Julio César, pero desde un punto de vista literario.

—¿El que más detestas?

—Cristóbal Colón. Además, tenía la «pava». Lo dice un personaje en *El otoño del patriarca.*

—¿Tus héroes de novela favoritos?

—Gargantúa, Edmundo Dantés y el conde Drácula.

—¿El día que detestas?

—El domingo.

—El color es conocido: el amarillo. Pero ¿qué clase de amarillo, exactamente?

—Lo precisé una vez: el amarillo del mar Caribe a las tres de la tarde, visto desde Jamaica.

—¿Y tu pájaro favorito?

—También lo dije. Es el *canard à l'orange.*

Celebridad y celebridades

—Hablemos de un tema incómodo, la celebridad. ¿Las amistades, muy numerosas, que has adquirido después de ser famoso, tienen el mismo grado de profundidad que las otras? ¿Sabes descubrir cuándo son auténticas o cuándo responden apenas a la atracción que suscita la celebridad?

—Durante varios años tuve divididos a mis amigos entre los anteriores y los posteriores a *Cien años de soledad*. Quería decir con esto que los primeros me parecían más seguros, porque nos hicimos amigos por muchos motivos diversos, pero ninguno por mi celebridad. Con el tiempo me he dado cuenta de mi error: los motivos de la amistad son múltiples e insondables, y uno de ellos, tan legítimo como cualquier otro, es la atracción que suscita la celebridad. Esto funciona en dos sentidos, por supuesto: también yo he conocido ahora a muchas personas célebres que no hubiera podido conocer antes, las he conocido por su celebridad, y sólo por su celebridad, y luego me he hecho amigo de ellas porque he descubierto afinidades que no tienen nada que ver con la celebridad de ellas ni con la mía. Digamos que la celebridad es positiva en este sentido, porque ofrece oportunidades muy ricas para entablar amistades que de otro modo no hubieran sido posibles. Con todo, y a pesar del cariño que les tengo a mis amigos más recientes, mis amigos anteriores a *Cien años de soledad* siguen siendo para mí un grupo aparte, una especie de logia secreta, fortalecida por un elemento unificador casi indestructible, que son las nostalgias comunes.

—¿No crees que la celebridad ha modificado un tanto tu relación con ellos? Un ejemplo: ya no escribes cartas como antes lo hacías.

—Es cierto: no me confío con nadie con la misma inocencia que antes, no porque no sea capaz en medio de la incertidumbre de la fama, sino porque la vida termina por volverlo a uno cada vez menos inocente. Es cierto que no volví a escribir cartas desde hace unos doce años, pero no sólo a mis amigos sino a nadie, desde que me enteré por casualidad de que alguien había vendido unas cartas personales mías para los archivos de una universidad de los Estados Unidos. El descubrimiento de que mis cartas eran también una mercancía me

causó una depresión terrible, y nunca volví a
escribirlas.

—Ahora llamas a tus amigos por teléfono...

—O le doy la vuelta al mundo para estar
con ellos, y a un costo demente, lo cual es
una demostración más del inmenso aprecio
que les tengo.

—Entre tus amigos recientes hay jefes de
Estado. Algunos de ellos, lo sé, te oyen o te
consultan. ¿No habrá dentro de ti una vocación de político? O quizás se trata de una secreta fascinación por el poder...

—No, lo que ocurre es que tengo una incon-
tenible pasión por la vida, y un aspecto de ella
es la política. Pero no es el aspecto que más
me gusta, y me pregunto si me ocuparía de él
de haber nacido en un continente con menos
problemas políticos que América Latina. Es
decir: me considero un político de emergencia.

—Todos los escritores latinoamericanos de
tu generación se ocupan de la política. Pero
tú en mayor grado. Mencionaba tu amistad con
algunos jefes de Estado, por ejemplo.

—Mi relación personal con ellos es una consecuencia más de las oportunidades de relación casi infinitas que ofrece la celebridad
(tanto la de ellos como la mía). Pero la amistad con algunos de ellos es el resultado de afinidades de tipo personal, que no tienen nada
que ver con el poder y con la fama.

—¿No reconoces tener una secreta fascinación por el poder?

—Sí, siento una gran fascinación por el poder, y no es una fascinación secreta. Al contrario: creo que es evidente en muchos de mis personajes, hasta en Ursula Iguarán, que es tal vez donde menos la han notado los críticos, y es por supuesto la razón de ser de *El otoño del patriarca*. El poder es sin duda la expresión más alta de la ambición y la voluntad humana, y no me explico cómo hay escritores que no se dejan inquietar por algo que afecta y a veces determina la realidad en que viven.

—Y tú, personalmente, ¿no has tenido tentación por el poder?

—Nunca. Existen muchas pruebas en mi vida de que siempre he esquivado de un modo sistemático toda posibilidad de poder, a cualquier nivel, porque no tengo la vocación, ni la formación, ni la decisión. Tres elementos que son esenciales en cualquier oficio, y que yo creo tener muy bien definidos como escritor. Equivocarse de destino es también un grave error político.

—Fidel Castro es muy amigo tuyo. ¿Cómo explicas esa amistad con él? ¿Qué juegan más en ella, las afinidades políticas o el hecho de ser él, como tú, un hombre del Caribe?

—Fíjate bien, mi amistad con Fidel Castro, que yo considero muy personal y sostenida por un gran afecto, empezó por la literatura. Yo lo había tratado de un modo casual cuando trabajábamos en Prensa Latina, en 1960, y no sentí que tuviéramos mucho de qué hablar. Más tarde, cuando yo era un escritor famoso y él era el político más conocido del mundo, nos vimos varias veces con mucho respeto y mucha simpatía, pero no tuve la impresión de que aquella relación pudiera ir más allá de nuestras afinidades políticas. Sin embargo, una madrugada, hace unos seis años, me dijo que tenía que irse a su casa porque lo esperaban muchos documentos por leer. Aquel deber ineludible, me dijo, le aburría y le fatigaba. Yo le sugerí que leyera algunos libros que unían a su valor literario una amenidad buena para aliviar el cansancio de la lectura obligatoria. Le cité muchos, y descubrí con sorpresa que los había leído todos, y con muy buen criterio. Esa noche descubrí lo que muy pocos saben: Fidel Castro es un lector voraz, amante y conocedor muy serio de la buena literatura de todos los tiempos, y aun en las circunstancias más difíciles tiene un libro interesante a mano para llenar cualquier vacío. Yo le he dejado un libro al despedirnos a las cuatro de la madrugada, después de una noche entera de conversación, y a las doce del día he vuelto a encontrarlo con el libro ya leído. Además, es un lector tan atento y minucioso, que encuentra contradicciones y datos falsos donde uno menos se lo imagina. Después de leer *El relato de un náufrago*, fue a mi hotel sólo para decirme que había un error en el cálculo de la velocidad del barco, de modo que la hora de llegada no pudo ser la que yo dije. Tenía razón. De modo que antes de publicar *Crónica de una muerte anunciada* le llevé los originales, y él me señaló un error en las especificaciones del fusil de cacería. Uno siente que le gusta el mundo de la literatura, que se siente muy cómodo dentro de él, y se complace en cuidar la forma literaria de sus discursos escritos, que son cada vez más frecuentes. En cierta ocasión, no sin cierto aire de melancolía, me dijo: «En mi próxima reencarnación yo quiero ser escritor.»

—¿Y tu amistad con Mitterrand también tiene como base la literatura?

—También la amistad con Mitterrand empezó por la literatura. Pablo Neruda le habló de mí cuando era embajador de Chile en Francia, de modo que cuando Mitterrand visitó México, hace unos seis años, me invitó a desayunar. Yo había leído sus libros, en los que siempre he admirado una inocultable vocación literaria y un fervor por el lenguaje que sólo es posible en un escritor nato. También él había leído los libros míos. Esa vez, y la noche siguiente durante una cena, se habló mucho de literatura, aunque siempre he tenido la impresión de que nuestra formación literaria es distinta y nuestros autores preferidos no son los mismos. Sobre todo porque yo conozco mal la literatura francesa, y él la conoce a fondo como todo un profesional. Sin embargo, al contrario de lo que me ha ocurrido con Fidel Castro, las circunstancias en que nos encontramos siempre, sobre todo después de que él llegó a la presidencia de la república, nos llevan siempre a hablar de política, y casi nunca de literatura. En México, en octubre de 1981, el presidente Mitterrand nos invitó a almorzar a Carlos Fuentes, al gran poeta y crítico de arte guatemalteco Luis Cardoza y Aragón, y a mí. Fue un almuerzo político muy importante. Pero después supe que la señora Danielle Mitterrand había sufrido una gran desilusión porque esperaba asistir a una conversación literaria. En el breve discurso que pronunció Mitterrand en el Palacio del Elíseo cuando me impuso la Legión de Honor en diciembre de 1981, lo que más me conmovió, casi hasta las lágrimas, fue una frase que sin duda le conmocionó a él tanto como a mí: «*Vous appartenez au monde que j'aime.*»

—Fuiste muy amigo del general Omar Torrijos, el hombre fuerte de Panamá. ¿Cómo nació esa amistad?

—Mi amistad con el general Torrijos empezó con un pleito. Yo declaré en una entrevista, tal vez en 1973, que él era un demagogo que se escudaba en su campaña de recuperación de Panamá, pero que en realidad no estaba haciendo nada por llevar a cabo en Panamá los cambios sociales que eran indispensables. El cónsul panameño en Londres me buscó para decirme que Torrijos me invitaba a Panamá, de modo que yo pudiera comprobar hasta qué punto era injusta mi declaración. Sospechando que lo que Torrijos buscaba era un golpe de propaganda, le dije que aceptaba su invitación, pero con la condición de que no se publicara la noticia de mi visita. El aceptó. Pero dos días antes de mi llegada a Panamá, las agencias de prensa transmitieron la noticia de mi visita. Pasé de largo hacia Colombia. Torrijos, muy avergonzado por lo que en realidad había sido una infidencia de alguien distinto de él, insistió en la invitación. Yo lo hice de incógnito, pocos meses después, pero cuando quise ver a Torrijos no pude encontrarle sino veinticuatro horas más tarde, a pesar que solicité la ayuda de la Seguridad Nacional. Cuando al fin me recibió muerto de risa, me dijo: «¿Sabes por qué la Seguridad no pudo encontrarme? Porque estaba en mi casa, que es el último lugar donde nadie, ni siquiera la Seguridad, se puede imaginar que estoy.» Desde ese momento nos hicimos amigos, con una verdadera complicidad caribe, y en alguna ocasión, cuando las negociaciones sobre el Canal de Panamá se habían vuelto muy tensas e inciertas, estuvimos los dos solos quince días en la base militar de Farallón, conversando de todo y tomando whisky. No me atrevía a irme, porque yo tenía la mala idea de que si se quedaba solo no podría resistir la tensión, y se iba a pegar un tiro. Nunca sabré si mi temor era infundado, pero en todo caso he creído siempre que el aspecto más negativo de la personalidad de Torrijos era su vocación de mártir.

—¿Alguna vez hablaste de libros con él?

—Torrijos no tenía el hábito de la lectura, era demasiado inquieto e impaciente para leer de un modo sistemático, pero se mantenía al corriente de los libros que estaban en primer plano. Tenía una intuición casi animal, como no he conocido otra en la vida, y un sentido de la realidad que a veces podía confundirse con una facultad adivinatoria. Al contrario de Fidel Castro, que habla sin descanso sobre una idea que le da vueltas en la cabeza, hasta que consigue redondearla de tanto hablar de ella, Torrijos se encerraba en un hermetismo absoluto, y sus amigos sabíamos que estaba pensando otra cosa distinta de la que hablaba. Era el hombre más desconfiado que he conocido jamás, y el más imprevisible.

—¿Cuándo le viste por última vez?

—Tres días antes de su muerte. El 23 de julio de 1981 yo estaba con él en su casa de Panamá, y me invitó a acompañarlo a un viaje por el interior del país. Nunca he podido saber por qué, pero por primera vez desde que éramos amigos, le dije que no. Me fui a México al día siguiente. Dos días después un amigo me llamó por teléfono para decirme que Torrijos se había matado en el avión en el que habíamos viajado tantas veces juntos, como tantos amigos. Mi reacción fue una rabia visceral, porque sólo entonces me di cuenta de que lo quería muchísimo más de lo que yo mismo creía y que nunca podría acostumbrarme a su muerte. Cada día que pasa me convenzo de que será así.

—También Graham Greene fue muy amigo de Torrijos. Tú leías mucho a Greene, y luego le conociste. ¿Cuál es tu impresión de él?

—El es uno de los escritores que he leído más y mejor, y desde mis tiempos de estudiante, y uno de los que me han ayudado más a descifrar el trópico. En efecto, la realidad en la literatura no es fotográfica sino sintética, y encontrar los elementos esenciales para esa síntesis es uno de los secretos del arte de narrar. Graham Greene lo conoce muy bien y de él los aprendí, y creo que en algunos de mis libros, sobre todo en *La mala hora*, eso se nota demasiado.

»No conozco a ningún otro escritor que se parezca tanto a la imagen que yo tenía de él antes de conocerlo, como me ocurrió con Graham Greene. Es un hombre de muy pocas palabras, que no parece interesarse mucho en las cosas que uno dice, pero al cabo de varias horas juntos se tiene la impresión de haber conversado sin descanso. Una vez, durante un largo viaje en avión, le comenté que él y Hemingway eran unos de los pocos escritores a quienes no se les podían detectar influencias literarias. «En mí son evidentes —me contestó—: Henry James y Conrad.» Luego le pregunté por qué, a su juicio, no le habían dado el premio Nobel. Su respuesta fue inmediata. «Porque no me consideran un escritor serio.» Es curioso, pero esas dos respuestas me dieron tanto en qué pensar, que conservo el recuerdo de aquel viaje como si hubiera sido una conversación continua de cinco horas. Desde que leí *El poder y la gloria*, no sé hace ya cuántos años, me imaginé que su autor debía ser como en efecto es.

—¿Cómo explicas que haya tenido con Torrijos una amistad análoga a la tuya?

—Su amistad con Torrijos, así como la mía con ambos, tenía algo de complicidad. Graham Greene tiene limitada su entrada a los Estados Unidos desde hace muchos años, porque en la solicitud de una visa declaró que había sido miembro de un partido comunista por pocos meses en su juventud. A mí me sucede lo mismo, por haber sido corresponsal en Nueva York de la agencia cubana de noticias. En esas circunstancias, Torrijos quería que fuéramos sus invitados a la firma del tratado del Canal de Panamá, que tuvo lugar en Washington en 1978, y nos dio a ambos pasaportes oficiales panameños. Nunca olvidaré la cara de burla con que Graham Greene descendió del avión oficial en la base naval de Andrews, en Washington, entre himnos y cañonazos, como sólo llegan a los Estados Unidos los jefes de gobierno. Al día siguiente estuvimos juntos en la ceremonia, a menos de diez metros de la larga mesa donde estaban sentados todos los gobernantes de América Latina, incluidos Stroessner del Paraguay, Pinochet de Chile, Videla de Argentina y Banzer de Bolivia. Ni él ni yo hicimos ningún comentario, mientras observábamos con el apetito que es de suponer aquel suculento jardín zoológico. Graham Greene se inclinó de pronto hacia mí, y me dijo al oído, en francés: «*Banzer doit être un homme très malheureux.*» No lo olvidaré nunca, sobre todo porque me pareció que Graham Greene lo dijo con una gran compasión.

—¿De qué escritor ya desaparecido habrías podido ser amigo?

—De Petrarca.

—Fuiste recibido por el Papa Juan Pablo II. ¿Qué impresión te produjo?

—Sí, el Papa me recibió cuando apenas había transcurrido un mes desde su elección, y la impresión que me dio fue la de un hombre perdido no sólo en el Palacio del Vaticano, sino en el mundo inmenso. Era como si todavía no hubiera dejado de ser el obispo de Cracovia. No había aprendido ni siquiera cómo se manejaban las cosas de su oficina, y cuando ya me despedía no pudo hacer girar en la cerradura la llave de la biblioteca, y estuvimos encerrados un momento, hasta que uno de sus asistentes abrió la puerta desde fuera. No cuento esto como una impresión negativa, sino todo lo contrario: me pareció un hombre de una fortaleza física abrumadora, muy sencillo y cordial, que casi parecía dispuesto a pedir excusas por ser Papa.

—¿Con qué motivo le visitaste?

—Le visité para pedirle ayuda en algunos programas de derechos humanos en América Latina, pero él sólo parecía interesado únicamente en los derechos humanos de la Europa Oriental. Sin embargo, pocas semanas después, cuando fue a México y se enfrentó por primera vez con la pobreza del Tercer Mundo, tuve la impresión de que había empezado a ver un lado de la humanidad que no conocía hasta entonces. La audiencia fue de unos quince minutos, hablamos en castellano porque él quería practicarlo antes de ir a México, y me quedé para siempre con la impresión consoladora de que él no tenía la menor idea de quién era yo.

—Alguna vez te vi comiendo en París con Margaux Hemingway. ¿De qué puedes hablar tú con ella?

—Ella me habla mucho de su abuelo. Y yo le hablo mucho del mío.

—¿Cuál es el personaje más sorprendente que has conocido?

—Mercedes, mi esposa.

Indice